Claudia Panetta-Möller

Zu Fuß durch KASSEL

12 Spaziergänge

Droste Verlag

AUS DEM INHALT

Zu Fuß durch KASSEL

VORWORT

Eines vorab: Ich liebe Kassel! Für mich ist Kassel eine liebens- und lebenswerte Stadt mit einem hohen Naherholungswert! In Kassel verliebt man sich vielleicht nicht auf den ersten, doch sicherlich auf den zweiten Blick. Die Nordhessen gelten gemeinhin als schrullig, sie „mähren" (schimpfen) gern, sind aber liebenswert. Der nordhessische Dialekt ist eine echte Herausforderung, doch „mäh sin mäh" – wir sind wir! Es lohnt sich, Kassel zu besuchen, in der City und ihrer Umgebung auf Entdeckungsreise zu gehen. Die einzige Großstadt Nordhessens ist reich an Sehenswertem und voller Widersprüche. Das historische Kassel ist im Bombenhagel des Zweiten Weltkriegs unwiderruflich verloren gegangen und doch in einigen Stadtteilen noch immer zu finden. Kassel ist die Hauptstadt der Deutschen Märchenstraße, denn hier lebten und arbeiteten über dreißig Jahre lang die Brüder Grimm, die den Menschen nicht nur die Märchen, sondern auch die Deutsche Sprache näherbrachten. Kassel setzte Maßstäbe mit dem ersten festen Theatergebäude, dem ersten öffentlich zugänglichen Museum, der ersten Fußgängerzone Deutschlands. Im Fridericianum tagte das erste Parlament auf deutschem Boden. Die Vielfalt an Museen ist einzigartig und die documenta weltberühmt.

Nachdem ich bereits über Kassels Glücksorte schreiben durfte, habe ich mich gern aufgemacht, um für „Zu Fuß durch Kassel" meine Stadt erneut zu erkunden und vielerorts nochmal anders zu entdecken. Ich freue mich, Sie, liebe LeserInnen aus nah und fern, im Rahmen dieser Spaziergänge mit auf Entdeckungsreise zu nehmen. Kassel hat 23 Stadtteile, bei meinen 12 Spaziergängen konnte ich leider nicht alle präsentieren. Es ist folglich eine subjektive Auswahl dessen, was Sie bei Ihrem Besuch in Kassel erwartet.

Ich lebe und arbeite seit vielen Jahren in Kassel und glaubte meine Stadt gut zu kennen, doch ich konnte bei meinen Recherchen viel Neues entdecken, habe großartige Unterstützung und positives Feedback erhalten. Ich wünsche mir daher, dass sich nicht nur Kasseläner, Kasselaner und Kasseler, sondern auch alle Besucher mit Freude und diesem Buch im Gepäck aufmachen, um Kassel zu erkunden. Nehmen Sie sich die Zeit, bei einem Spaziergang so manches Erstaunliche, Kuriose und Unbekannte zu entdecken. Ich verspreche Ihnen, Sie werden überrascht und fasziniert sein, was meine Stadt zu bieten hat.

Ihre Claudia
Panetta-Möller

1 KASSELS MITTE

Start/Ziel: Rathaus Kassel
(GPS: 51.312577, 9.493293)
Länge: ca. 4 Kilometer
Dauer: ca. 1 Stunde
ÖPNV: Haltestelle Rathaus, Straßenbahn 1, 3, 4, 5, 6, 8, RegioTram 1, 4
Parken: Parkhaus Fünffensterstraße, Garde-du-Corps-Straße oder Friedrichsplatz

Unterwegs entdeckt:

1 Rathaus
2 Brüder-Grimm-Platz
3 Deutsches Tapetenmuseum
4 Torwachtgebäude
5 Hessisches Landesmuseum
6 Murhardsche Bibliothek
7 Weinbergbunker
8 Frühstückspavillon
9 Weinbergterrassen
10 Grimmwelt
11 Museum für Sepulkralkultur
12 Murhardpark
13 Polizeipräsidium
14 Relief für Louise und Carl August Bose
15 Denkmal „11 Frauen – 11 Jahrhunderte"
16 Gläserne Stadt
17 Alte Hauptpost
18 Stadtmuseum
19 Linearuhr
20 Karlskirche

Essen + Trinken:

In der Grimmwelt kann man im Restaurant **Falada** gut essen und trinken und dabei den traumhaften Blick über die Stadt genießen (Weinbergstraße 21, 34117 Kassel, Tel. 05 61/81 04 54 60, www.faladakassel.com).

Wer stilvoll und gut essen möchte, der ist im **Humboldt 1a** genau richtig. Lecker, wenn auch nicht ganz günstig, doch allein das Ambiente ist wundervoll (Humboldtstraße 1 a, 34117 Kassel, Tel. 05 61/76 64 97 55, www.humboldt1a.de).

Auf den Spuren starker Frauen

Das alte Kassel ist im Bombenhagel 1943 unwiederbringlich untergegangen, nur wenige historische Gebäude konnten überhaupt wieder aufgebaut werden. Die Kasseler Innenstadt präsentiert sich heute im Stil der 1950er-Jahre, sie zählt sicher nicht zu den Vorzeigeorten der Stadt, doch wer mit etwas Neugierde um ein paar Ecken geht, kann interessante und geschichtsträchtige Orte entdecken.

Wir starten am 1908 erbauten **Kasseler Rathaus 1**, in das **1919** erstmals Frauen in das Stadtparlament einzogen. Mit der Einführung des allgemeinen, direkten und geheimen Wahlrechts am 12. November 1918 war endlich eine zentrale Forderung der Frauenbewegung erfüllt worden. Minna Bernst, Elisabeth Consbruch, Elisabeth Ganslandt, Julie von Kaestner, Johanna Wäscher und Amalie Wündisch waren die ersten sechs weiblichen Abgeordneten im Kasseler Stadtparlament. Starke Frauen werden uns auf diesem Spaziergang noch mehrmals begegnen! Wir verlassen die Obere Königstraße, überqueren die Fünffenster-Straße und gelangen zum **Brüder-Grimm-Platz 2.** In dem weißen Gebäude auf der linken Seite befand sich die 1791 von Johann Christian Arnold gegründete Arnoldsche Paper-Tapetenfabrik. In seinem Haus gingen prominente Gäste wie Karl Friedrich Schinkel, Robert Wilhelm Bunsen, Louis Spohr und Adolph Menzel ein und aus. Später befand sich in diesem Gebäude ein Salon von Caroline von der Malsburg, einer engen Freundin von Franz Liszt. Wenn wir uns umdrehen, sehen wir auf der anderen Seite der Wilhelmshöher Allee ein kleines, aber wirklich schönes Denkmal für Jacob und Wilhelm Grimm von der 2009 verstorbenen Bildhauerin Erika Maria Wiegand.

Rathaus

Torwachtgebäude

Hinter dem Denkmal entsteht derzeit das **Museum für Tapeten- und Raumkunst 3**, dessen Gründung als Deutsches Tapetenmuseum bereits im Jahr 1923 erfolgte. Die Kollektion umfasst fast 23.000 Objekte und dokumentiert die Entwicklung der Tapeten von der frühen Neuzeit bis heute. Zu den Prunkstücken zählen Goldlederarbeiten der Renaissance, des Barock und des Rokokos sowie Flock- und Leinwandtapeten des 18. Jahrhunderts. Einen weiteren Höhepunkt der einzigartigen Sammlung bilden die handgedruckten französischen Panoramatapeten des 19. Jahrhunderts. Das Museum für Tapeten- und Raumkunst präsentiert jedoch nicht nur historische Tapeten, sondern auch ausgewählte Beispiele zeitgenössischen Tapetendesigns. Der Neubau des Museums wird an das rechte der beiden **Torwachtgebäude 4** anschließen, die das Ende der schnurgeraden Wilhelmshöher Allee markieren.

Wilhelmshöher ALLEE

Die barocke Achse, die von der Stadtmitte zum Bergpark Wilhelmshöhe führt, wurde bereits 1777 als grüne Verbindung zwischen zwei Schlössern realisiert: der Sommerresidenz Schloss Wilhelmshöhe und der Winterresidenz, dem Stadtschloss. Diese Idee wurde vor einigen Jahren erneut aufgegriffen, als die Gleise begrünt und Hecken links und rechts der Schienen gepflanzt wurden.

Der Bau der Torwachtgebäude am Ende der schnurgeraden Straße erfolgte ab 1803, als Landgraf Wilhelm IX. die Kurfürstenwürde erhielt. Eigentlich sollte es nach Vorbild des Brandenburger Tors über die Straße hinweg eine Verbindung der beiden Gebäude geben, doch dazu kam es nicht mehr, da Kurfürst Wilhelm I. 1806 ins Exil ging und Kassel mit Jérôme Bonaparte einen französischen König bekam. Er war der jüngste Bruder von Napoleon und regierte das „Königreich Westphalen" bis 1813.

Von 1815 bis 1822 lebten im rechten Torwachtgebäude, in der Wohnung mit Balkon, die Brüder Grimm. Nachdem sie 1806 mit dem Märchensammeln begannen, erschien die erste Auflage 1812/15 in zwei Bänden und wurde

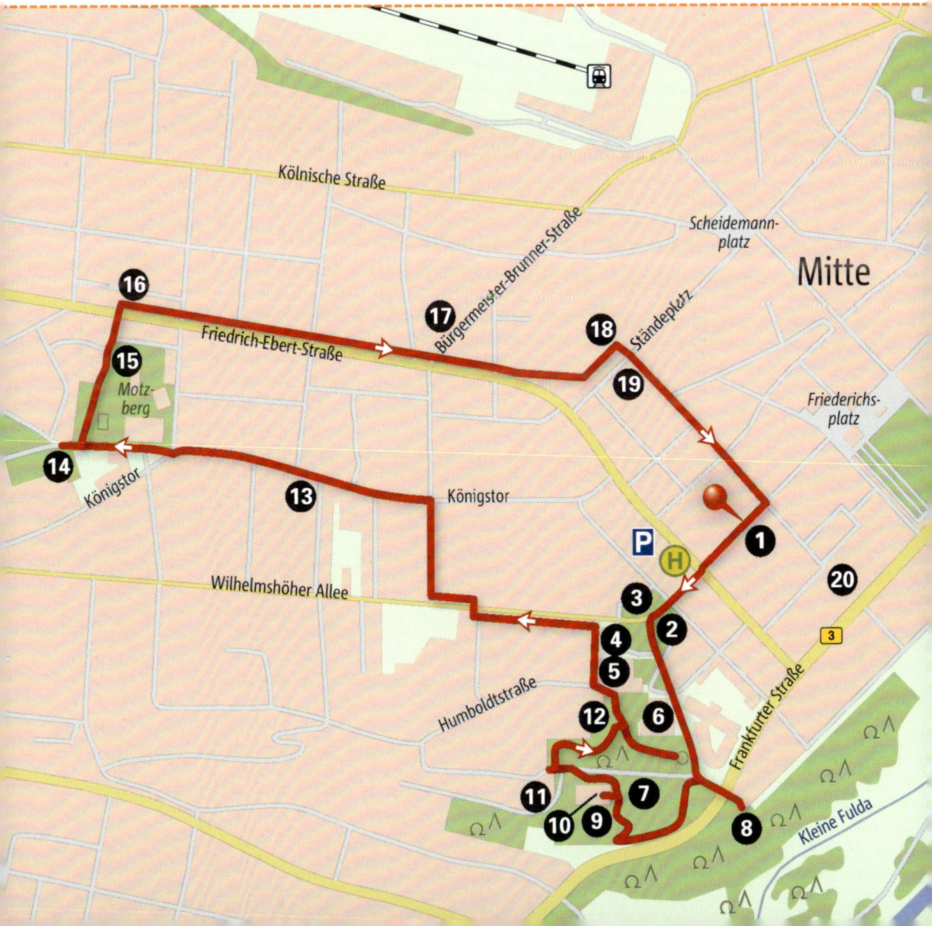

1819 in zweiter Auflage in drei Bänden herausgegeben. Durch Anmerkungen und Textfragmente in diesen Büchern sollten die Leser zur Mitarbeit an der Sammlung angeregt werden. Es folgten noch zahlreiche Überarbeitungen, bis im Jahr 1825 die Ausgabe erschien, mit der die Brüder weltberühmt wurden.

Im linken Torwachtgebäude befinden sich Teile der Ausstellung des Hessischen Landesmuseums. Das **Hessische Landesmuseum 5** selbst befindet sich in dem imposanten gelben Gebäude mit dem markanten Turm, von dem man einen tollen Blick über die Kasseler Innenstadt hat. Das 1913 erbaute Gebäude verbindet geschickt Elemente des Jugendstils mit Bauformen der Neorenaissance. Im Rahmen einer mehrjährigen Sanierung wurde der Originalzustand der Räume wiederhergestellt und zwei Innenhöfe überdacht, sodass nun ein Rundgang durch 300.000 Jahre nordhessische Landes- und Kulturgeschichte möglich ist. Das Haus präsentiert auf drei Ebenen Sammlungen der Vor- und Frühgeschichte, der Angewandten Kunst und der Volkskunde und vermittelt so einen kulturhistorischen Überblick von den Anfängen menschlicher Besiedelung bis in die Gegenwart.

„Ich-DENKMAL“

Natürlich gibt es auch in Kassel viele Denkmäler, die an Persönlichkeiten, Kriege oder gefallene Soldaten erinnern, doch dieses hier ist etwas ganz Besonderes. Es ist ein Denkmal, das Spaß macht und im Rahmen einer Ausstellung der Caricatura 2007 von dem damaligen Stadtbaurat und dem Künstler Hans Traxler eingeweiht wurde. Wer die drei Stufen auf der Rückseite hinaufgeht und schließlich auf dem Sockel steht, kann nach Herzenslust posieren und seinen Spaß an der Selbstinszenierung ausleben, schließlich ist jeder Mensch einzigartig. Zwei Denkmäler dieser Art gibt es in Deutschland, und zwar in Frankfurt und in Kassel. Also rauf auf den Sockel, posieren und selbst einmal zum Denkmal werden.

Murhardsche Bibliothek – Rückseite

Wir entfernen uns langsam von der Hauptstraße und erblicken bereits nach wenigen Schritten die **Murhardsche Bibliothek 6**, die zur Universitätsbibliothek Kassel gehört, aber auch die Landesbibliothek beherbergt. Besonders bemerkenswert sind hier die historischen Bestände, zu denen auch das Hildebrandslied aus dem 9. Jahrhundert gehört. Es handelt sich dabei um die älteste, in althochdeutscher Sprache verfasste Heldendichtung, die ihren Titel 1812 im Zuge der ersten wissenschaftlichen Edition durch Jacob und Wilhelm Grimm erhielt. In dem neuen Anbau werden nun die kostbaren Bestände wie beispielsweise wertvolle Handschriften aus dem Mittelalter ausgestellt. Sehenswert ist zudem der historische Eulensaal, ein ausgesprochen schöner Raum für Konzerte und andere Kulturveranstaltungen. Vor der Rechtskurve überqueren wir die Straße und stehen vor dem Henschelgarten. Unter uns befindet sich der **Weinbergbunker 7**, der in den Kalkstein hineingebaut wurde, ein Labyrinth aus Stollen und Gängen. Nachdem hier lange vor dem Krieg Bier gelagert und Eiskeller angelegt worden waren, nutzte die Stadt die bereits vorhandenen Gänge, um während des Krieges einen großen Bunker in den Berg zu

Frühstückspavillon

treiben, nachdem klar war, dass auch Kassel, in der Mitte Deutschlands gelegen, nicht von den Bombardements verschont bleiben würde. Während der fürchterlichen Luftangriffe fanden hier bis zu 10.000 Menschen Schutz.

Links führt uns nun eine kleine Brücke in Richtung **Frühstückspavillon 8.** Die Kasseler nennen diesen Weg spöttisch die „Beamtenlaufbahn", denn das Viertel, das sich rechter Hand an der Frankfurter Straße befindet, war das frühere Beamtenviertel. Gingen die Beamten morgens zur Arbeit, nutzten sie diesen Weg, um in die Stadt zu gelangen. Da dieser Weg steil nach oben führt, wie eben eine erfolgreiche Beamtenkarriere, heißt der Weg seitdem Beamtenlaufbahn. Der kleine Frühstückspavillon ist ein typischer Staffagebau, wie er in den Kasseler Parks vielfach zu finden ist. Er wurde Anfang des 19. Jahrhunderts errichtet und gehörte zu der Gartenanlage von Schloss Bellevue, dessen Trümmer nach dem Zweiten Weltkrieg bis auf das Palais Bellevue abgerissen wurden. Der Frühstückspavillon wurde im Auftrag von Kurfürst Wilhelm I. als klassizistischer Rundtempel erbaut, hatte aber im Gegensatz zu heute damals noch Fenster und Türen. Nach einem letzten Blick auf die

Karlsaue, gehen wir den gleichen Weg zurück in Richtung Henschelgarten.

Wir gehen links durch die kleine Grünanlage und sehen unter uns die **Weinbergterrassen 9,** die vor einigen Jahren wiederhergestellt wurden. Vom 1. April bis zum 31. Oktober geöffnet, führen sie den Besucher in eine eigene Welt. Sträucher, Stauden, Rosen, aber auch Weinreben sind hier zu finden, denn auf dem Weinberg wurde jahrhundertelang Wein angebaut, obgleich seine Qualität wohl nie besonders gut war. Interessant ist der neu entstandene Spalierobstgarten, der in Nordhessen in dieser Form einmalig ist. Die Gebäudereste waren einst Gewächshäuser, dürfen aber aus Sicherheitsgründen nicht mehr betreten werden. Anschließend gehen wir weiter zur Grimmwelt.

Weinbergterrassen

Seit 2015 ist dieses moderne Ausstellungshaus einer der Publikumsmagnete Kassels. Ein Besuch lohnt sich unbedingt, beim ersten Mal schließt man sich aber besser einer Führung an, um die faszinierende Konzeption des Hauses schneller zu erfassen. Die **Grimmwelt 10** ist ein Haus für Groß und Klein, deren Präsentation aufgebaut ist wie ein Glossar, Begriffe aus dem Grimm'schen Wörterbuch geleiten quasi durch die Ausstellung. Es gibt keinen festen Weg, jeder wählt seinen eigenen. Darüber hinaus gibt es zahlreiche interaktive Stationen, die zum Mitmachen animieren. Keinesfalls versäumen sollte man einen Besuch im Kabinett des Buchstabens B wie Buch, denn in diesem kleinen schummrigen Kabinett werden die Handexemplare der Märchenbücher der Brüder Grimm ausgestellt, die seit 2005

Eingang Grimmwelt

Museum für Sepulkralkultur

den Titel Weltdokumentenerbe tragen! Bevor wir weitergehen, steigen wir den Grimms aufs Dach und genießen den fantastischen Blick über die Stadt, bevor wir nur ein kleines Stück weitergehen, denn direkt neben der Grimmwelt befindet sich das **Museum für Sepulkralkultur 11**.

Dieses einzigartige Museum, das 1992 eröffnet wurde, konzentriert sich geografisch auf den mitteleuropäischen Raum und zeitlich auf die Epochen vom ausgehenden Mittelalter und der beginnenden Neuzeit bis zur Gegenwart. Hauptthemen dieses Hauses sind Trauer, Tod, Bestattung und Gedenken. Der Ausdruck „Sepulkralkultur" leitet sich aus dem Lateinischen ab, wobei sepulcrum Grab bedeutet. Gehörte früher der Tod ganz selbstverständlich zum Leben, so ist heute für viele schon das Reden über den Tod ein Tabu. Das Haus widmet sich Bestattungs- und Trauerriten, Traditionen und Bräuchen, zeigt aber auch Trauerkleidung, Trauerkutschen sowie Memento-Mori- und Vanitas-Figuren. Interessant sind zudem die wechselnden Ausstellungen, bei denen auch Beispiele sakraler Kultur präsentiert werden. Gegenüber dem Museum befindet sich eine Schule und rechts daneben führt ein kleiner Weg in den **Murhardpark 12**, durch den wir bis zu einem imposanten Denkmal laufen. Dieses Denkmal in Form eines Obelisken wurde 1898 von Heinrich und Johannes Wimmel anlässlich der Gründung des Deutschen Reiches 1871 gestiftet. Es ist folglich ein Einigungsdenkmal, wird aber von den Kasselern gern „Wimmel-Denkmal" genannt. Wir machen einen kleinen Abstecher nach rechts, bis wir zu einem kreisrunden Bau kommen, dem „Ehrenmal für die Opfer des Faschismus". Leider ist es abgeschlossen, doch wir sehen im Inneren einen kupfernen Dornenkranz auf dem Boden. Über dem Eingang befindet sich die Inschrift: Den Vernichteten 1933 – 1945 und darunter das Zitat von Friedrich Schiller „Die Lebenden rufe ich, die Toten beklage ich". Links und rechts vom Eingang stehen allegorische Figuren. Die linke Figur faltet die Hände und hält sie auf Schulterhöhe, während die rechte verschleiert und dadurch nicht zu erkennen ist. Auf der Innenseite der Steinmauer gegenüber dem Eingang ist von Hölderlin zu lesen: „Der Tod erschreckte uns, er war fürchterlich. Wir sahen nur nieder ins Grab ob er gleich uns führt zur Vollendung. Aus den Hüllen der Nacht hinüber in der Erkenntnisse Land."

Einigungsdenkmal

Nachdenklich gehen wir zurück zum Wimmel-Denkmal und schließlich rechts daran vorbei in Richtung eines schönen Backsteingebäudes in der Humboldtstraße 1a aus dem Jahr 1903. Einst war dies die Villa des Direktors des Wilhelmsgymnasiums, das sich in unmittelbarer Nachbarschaft befand. Während das Gymnasium im Zweiten Weltkrieg zerstört wurde, blieb die Villa weitgehend unversehrt. In dem Gebäude befindet sich heute ein Restaurant. Durch die Humboldtstraße gehen wir bis zur Wilhelmshöher Allee und wenden uns schließlich nach links. Wir laufen die barocke Achse in Richtung Bergpark bis zum nächsten Zebrastreifen. Hier überqueren wir die eindrucksvolle Wilhelmshöher Allee und gehen weiter nach rechts durch die Ulmenstraße. An der ersten Straßen-

Polizeipräsidium

Relief Louise von Bose

kreuzung biegen wir links ab ins Königstor und gehen bis zum alten, 1907 eröffneten Polizeipräsidium, das sich auf der linken Seite an der Ecke zur Weigelstraße befindet. Dabei fällt unser Blick direkt auf eine Gedenktafel, die die Stadt Kassel 1992 hier aufstellen ließ. Sie erinnert an die Gräueltaten der Gestapo, die in diesem alten **Polizeipräsidium 13** in den Jahren von 1933 bis 1945 verübt wurden. Wie überall in Deutschland verhaftete, verhörte und misshandelte die Gestapo auch in Kassel Tausende unbescholtene Bürger. Viele von ihnen, Juden, Sinti und Roma sowie andere zu Volksfeinden erklärte Menschen wurden in Konzentrations- und Vernichtungslager verbracht. Das Gebäude, das seit 1999 u.a. als Depot dient, war 1907 nach den Plänen des Königlichen Baurats Trimborn erbaut worden.

Wir folgen weiter der Straße Königstor, bevor wir an dem kleinen Platz vor der Turnhalle rechts in die Luisenstraße einbiegen. An der Kreuzung zur Westerburgstraße entdecken wir auf der linken Seite das Relief für **Louise und Carl August von Bose 14.** Louise, die ihre Kindheit in Kassel verbrachte, war die Tochter von Kurfürst Wilhelm II. und Emilie Ortlöpp, der späteren Gräfin von Reichenbach und Lessonitz. Sie war eine große Wohltäterin der Armen sowie eine engagierte Förderin von Kunst und Wissenschaft, die der Stadt unter anderem ihre umfangreiche Kunstsammlung in Form einer Stiftung hinterließ, die

Denkmal 11 Frauen – 11 Jahrhunderte

später den Grundstock für die Sammlungen der Neuen Galerie bildete. Hier in der Luisenstraße, die nach ihr benannt wurde, befand sich früher das Bose-Museum. Heute befindet sich hier die 1855 als Mädchenschule gegründete Luisenschule. Wir gehen wenige Schritte zurück und folgen links dem kleinen Fußgängerweg. Dieser führt an einem Spielplatz vorbei auf den Motzberg und zur Friedrich-Ebert-Straße vorbei am **Denkmal „11 Frauen – 11 Jahrhunderte"** **15** der New Yorker Künstlerin Linda Cunningham. Die hier erwähnten Frauen sind: Landgräfin Anna von Hessen, Herzogin Elisabeth von Mecklenburg, Gertrude Elisabeth Mara, Louise von Bose, Malwida von Meysenbug, Sophie Henschel, Auguste Förster, Luise Greger, Sara Nussbaum, Dr. Elisabeth Selbert sowie Christine Brückner. Auf sechs beidseitig bedruckten trapezförmigen Glasflächen werden die elf Frauen mittels Text und Bild kurz beschrieben, ihre so unterschiedlichen Lebensläufe und Aktivitäten auf Glastafeln skizziert und ihre Bedeutung für die Politik, Pädagogik, Literatur, Musik oder Wirtschaft ihrer Zeit hervorgehoben. Im Rahmen des Stadtjubiläums kassel1100 im Jahr 2013 gab es ein Projekt unter dem Titel „ehe die Spuren verwehen..." 11 Frauen – 11 Jahrhunderte. Das projektbegleitende Buch inspirierte Linda Cunningham, eine Skulptur zu Ehren dieser Frauen zu schaffen.

Glasmosaik

Unser nächstes Ziel ist das Glasmosaik **„Gläserne Stadt"** **16** auf der anderen Straßenseite der Friedrich-Ebert-Straße, eine Arbeit des 1992 verstorbenen Kasseler Grafikers Dieter von Andrian, einem Assistenten des documenta-Gründers Arnold Bode. Dieses Glasmosaik war viele Jahre in der Unterführung des alten Hauptbahnhofs aufgestellt. Da es nach der Schließung der Unterführung nicht mehr bewundert werden konnte, wurde die Arbeit abgebaut, restauriert und schließlich hier an der Nordseite in der sogenannten „Grünen Banane" aufgestellt. Die Arbeit steht auf einem Sockel und wird bei Dunkelheit von der Rückseite beleuchtet. Wir gehen entlang der Friedrich-Ebert-Straße zurück zur Stadtmitte. Einst als Hohenzollernstraße ein von Bäumen gesäumter Boulevard, ist heute nur noch wenig von dem ehemaligen Glanz übriggeblieben. Die einstigen Prachtbauten sind weitestgehend verschwunden, sie wurden von inhabergeführten Geschäften, Szenekneipen, Restaurants und Bars ersetzt. Es dominiert der Baustil der 1950er- und 1960er-Jahre. Leider wurde nach dem Krieg nur wenig von der ursprünglichen Bebauung rekonstruiert. Zu diesen Gebäuden gehört die imposante **„Alte Hauptpost"** **17.** Als Postdienstgebäude in den Jahren 1903 – 1906 erbaut, beherbergte es lange die Oberpostdirektion, das Bahnpostamt 26, das Telegrafenamt sowie das Postamt 2. Seit Dezember 2020 befindet sich in dem denkmalgeschützten Gebäude ein historisch gestaltetes Restaurant. Von der alten Hauptpost geht es weiter zum Ständeplatz, wo wir hinter einem kleinen, von Bäumen gesäumten Parkplatz links abbiegen. Im Haus Nr. 16 befindet sich das **Stadtmuseum 18,** das einen Besuch unbedingt lohnt, denn hier kann man alles über die Geschichte der Stadt Kassel erfahren. Im 2. Obergeschoss befindet sich zudem ein eindrucksvolles Modell von der zerstörten Stadt. Darüber hinaus finden hier sehr interessante wechselnde Ausstellungen statt.

Alte Hauptpost

Am Stadtmuseum überqueren wir die Straße und stehen direkt vor der **Linearuhr 19** von Peter Hertha aus dem Jahr 1977. Jede senkrechte Lampenreihe ist in drei Segmente eingeteilt. Das oberste Segment zeigt die Stunden, das mittlere die Minuten und das untere die Sekunden. In jedem Segment befinden sich jeweils zwei Lampenreihen übereinander, die getrennt zu lesen sind. Um die Uhrzeit abzulesen, wird die Anzahl der leuchtenden Lampen in den sechs Reihen bestimmt und die Ziffern nach dem Schema einer Digitaluhr angeordnet.

Die Linearuhr hinter uns lassend gehen wir durch die Wilhelmsstraße zurück zum Rathaus, wobei wir noch einen Blick auf die vor uns gelegene **Karlskirche 20** werfen. Diese bereits 1710 von Paul du Ry erbaute Kirche war der geistige Mittelpunkt der hugenottischen Oberneustadt. Nachdem sie im Krieg stark beschädigt worden war, wurde die ursprünglich barocke Kirche vereinfacht wieder aufgebaut. Vor der Kirche steht eine Kopie des Denkmals von Landgraf Carl, der Kassel 60 Jahre lang, von 1670 bis 1730, regiert hat. Es sind diese Zahlen, die auf dem Sockel des Denkmals zu lesen sind. Auf dem Dach der Kirche befindet sich ein 47 Glocken umfassendes Carillon, das regelmäßig zum Gedenken der Opfer der Kriege ertönt.

2 BETTENHAUSEN

Start/Ziel: Haltestelle Agathof (GPS: 51.310074, 9.524411)
Länge: ca. 5,5 Kilometer
Dauer: ca. 1,5 Stunden
ÖPNV: Haltestelle Agathof, Bus 32, 93
Parken: Sandershäuser Straße oder Agathof

Unterwegs entdeckt:

1 Herrschaftshaus Familie Salzmann
2 Textilfabrik Salzmann
3 Losse
4 Eichwald
5 Gewerbegebiet Kadruf
6 Inselweg
7 Dorfplatz
8 Marienkirche
9 Schulgebäude
10 St.-Kunigundis-Kirche

Essen + Trinken:

Gutbürgerliches Essen in nettem Ambiente gibt es bei **Fosters Garden** (Eichwaldstraße 50, 34123 Kassel, Tel. 05 61/5 52 77, www.fosters-garden.de).

Ein Muss für alle Kaffeeliebhaber ist die **Kaffee Rösterei Kühn & Carter** (Lilienthalstraße 1/Halle 22, 34123 Kassel, Tel. 05 61/20 23 00 64, www.kaffee-kassel.de).

Wer es exotisch mag, der ist im **Imbiss von Al Wali** genau richtig. Superlecker und moderate Preise (Leipziger Straße 79, 34123 Kassel, Tel. 01 79/3 71 45 22).

Rund um die Losse

Im ehemaligen Herrschaftshaus der Familie Salzmann ist heute der Freundschaftsbund Schlaraffia Chassalla beheimatet, der bereits 1883 gegründet wurde. Die Idee des Männer- Freundschaftsbundes ist Kunst, Freundschaft und Humor gemeinsam zu pflegen. Hier ist man zuallererst Mensch und unterstützt sich im freundschaftlichen Miteinander, wobei das Sprechen über Politik und Religion tabu ist. Prominentester Mitbegründer der Schlaraffia Chassalla war Gustav Mahler, der damals ein Engagement am Kasseler Theater hatte, auch Carl Laufs und Franz Treller, beide Schriftsteller, sowie der Kinderarzt Dr. Felix Blumenfeld gehörten zu den Mitgliedern.

Es ist anzunehmen, dass der Name Bettenhausen darauf zurückzuführen ist, dass an der nahegelegenen Leipziger Straße einige findige Bürger Übernachtungsmöglichkeiten für Reisende geschaffen haben – sogenannte Bettenhäuser, denn im mittelalterlichen Kassel waren diese sehr knapp. Dort, wo heute die Tankstelle steht, befand sich tatsächlich ein Bettenhaus. Das Haus daneben war das **Herrschaftshaus der Familie Salzmann 1**.

Unser Weg führt uns in den alten Dorfkern von Bettenhausen

Bettenhausen gilt als eine Wiege der Industrialisierung Kassels. Wir beginnen unseren Spaziergang in der Sandershäuser Straße an der Haltestelle „Agathofstraße". Vor uns liegt die große Industrieruine Salzmann, etwas weiter links in der Sandershäuser Straße 79 produzierte die Haferkakaofabrik Schüle-Hohenlohe noch bis 1954 Teigwaren, Haferkakao und Fertigsuppen. Die Gebäude aus der Gründerzeit sind heute leider vor allem Industriebrachen. Schauen wir von hier auf der linken Seite ans Ende der Straße, sehen wir Gebäude, die zu Salzmannshausen gehören, einer ehemaligen Wohnsiedlung, die für die Arbeiter der Textilfabrik Salzmann ab 1910 erbaut wurde.

Die vor uns liegende **Textilfabrik Salzmann 2** wurde 1900 von Heinrich Salzmann gegründet. An dieser Stelle standen einmal 22 Hallen von jeweils 90 Metern Länge, die

2 BETTENHAUSEN

An der Losse

ein Sheddach oder auch Sägezahndach hatten. Dabei handelt es sich um eine Dachform, die vor allem bei Bauten mit großen Grundflächen wie eben Fabrikhallen genutzt wird. Das Besondere an dieser Konstruktion ist, dass mehrere selbsttragende, ungleichgeneigte, satteldachartige Konstruktionen nebeneinandergesetzt werden. Leider wurden diese Hallen 2012 abgerissen. Die verbliebenen Reste dieses imposanten Gebäudekomplexes weisen Stilelemente des Historismus und Jugendstils auf. Seitdem die Firma 1972 in Konkurs ging, wird um eine sinnvolle Lösung für dieses unter Denkmalschutz stehende historische Areal gerungen. Salzmann war ein Produzent von Schwergewebe, wie zum Beispiel Segeltuch, und noch vor dem Ersten Weltkrieg zu einer

der größten und führenden Firmen der Branche aufgestiegen. Es liegt auf der Hand, dass dringender Handlungsbedarf besteht, um wenigstens die verbliebenen Teile der alten Fabrik noch zu erhalten.

Wir laufen durch die Agathofstraße vorbei an der alten Textilfabrik bis zur Miramstraße, wo wir links bis zur Losse gehen. Im Bereich zwischen Sandershäuser Straße und Losse gab es früher eine alte Achatmühle, die vermutlich im Auftrag des Landgrafen Carl, der Kassel von 1670 bis 1730 regierte, erbaut worden war. Sie diente als Edelsteinschleiferei. Nachdem der Agathof im Siebenjährigen Krieg zerstört worden war, wurde das viergeschossige Gebäude mit großem Satteldach und zwei Seitenflügeln wieder aufgebaut, im Zweiten Weltkrieg dann aber endgültig zerstört. Bis dahin waren in ihm eine Branntweinbrennerei, eine Viehmastanstalt, eine Kattunfabrik sowie zuletzt eine Seifenfabrik untergebracht. Die Agathofstraße erinnert an diese alte Achatmühle, auch wenn sich diese an anderer Stelle befand.

Zahlreiche Industriebrachen zeugen von dem Glanz alter Zeiten

Hier in der Miramstraße und somit am Ufer der **Losse** **3** siedelten sich bereits zu Zeiten der Frühindustrialisierung Anfang des 19. Jahrhunderts zahlreiche Firmen an, denn das Wasser der Losse konnte als Antriebskraft genutzt werden. Man darf nicht vergessen, dass die Wasserkraft vor Erfindung der Dampfmaschine und des Elektromotors lange Zeit die einzige Antriebskraft war. Der kleine Fluss Losse, der hier durch Bettenhausen fließt, ist nur knapp 29 km lang und entspringt im Werra-Meißner-Kreis bei Hessisch-Lichtenau. Amüsant ist die Herkunft des Namens „Losse". Da der kleine Fluss lange Zeit ohne Namen war, kamen die Bürgermeister der anliegenden Orte zusammen, um endlich einen Namen zu finden. Auch nach langen Verhandlungen konnte man sich nicht auf einen Namen einigen. Das Unterfangen drohte zu scheitern und so wurde vereinbart, dass der Fluss so heißen solle wie das erste Wort, das in der Runde genannt wurde. Lange Zeit herrschte Schweigen, doch schließlich wurde es einem der Bürgermeister zu bunt und er rief aus: „Losse doh heissen, wie se will", also: „Lass sie doch heißen wie sie will". „Losse" war folglich das erste Wort, das genannt wurde, und somit war der Name für den kleinen Fluss gefunden.

Wir überqueren die Brücke, die über die Losse führt und gehen dann rechts in die Buttlarstraße, in den alten Dorfkern hinein. Wundervolle und zum Teil mit viel Liebe zum Detail restaurierte Fachwerkhäuser befinden sich auf der linken Seite, während rechts die renaturierte Losse plätschert und auf der anderen Flussseite einige Wohnblocks zu sehen sind. Wir folgen der Losse und kommen schließlich zu einem gewaltigen Backsteingebäude, der alten Bürgerschule 26. Die heutige Grundschule trägt heute den Namen Losseschule. Wir gehen nun nach rechts und längere Zeit durch die Eichwaldstraße, um schließlich dem Schild „Friedhof" zu folgen.

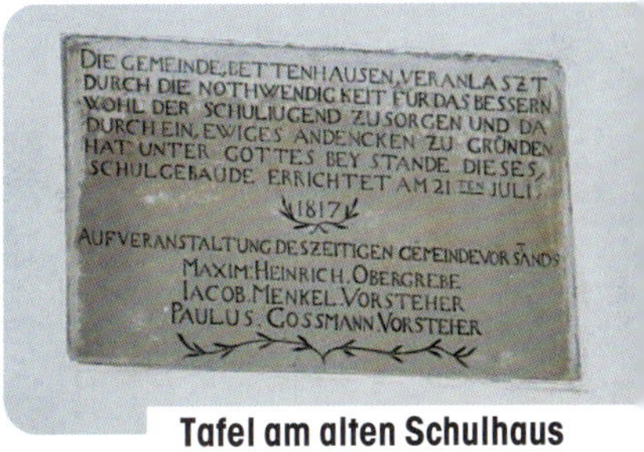

Tafel am alten Schulhaus

Nachdem wir links in den Fasanenweg eingebogen sind, führt uns die Straße leicht bergauf. Auf der linken Seite befindet sich der Friedhof Bettenhausen und auf der rechten Seite der jüdische Friedhof.

Fachwerk im Dorfkern

Jüdischer Friedhof
BETTENHAUSEN

Jüdischer Friedhof

Friedhöfe, vor allem auch jüdische, sind meist aufschlussreiche Zeugen der Geschichte. Sie sind sowohl Vergangenheit als auch Zukunft. Im jüdischen Glauben ist die Totenruhe unantastbar, Gräber und Grabmale haben Ewigkeitsrecht. Dieser Friedhof diente einst den jüdischen Gemeinden von Kaufungen, Heiligenrode und Waldau als Begräbnisstätte. Ein Blick über die Mauer zeigt eine parkähnliche romantische Landschaft. Hier wachsen immergrüner Efeu und kleine Baumsprösslinge zwischen den Gräbern, die zum Teil auch schon von Moos bedeckt sind. Während wir in der christlichen Kultur Gräber mit Blumen schmücken, legen Besucher eines jüdischen Grabes kleine Steinchen darauf. Im Gegensatz zu den Blumen ist ein Stein ewig und erlaubt so ein dauerhaftes Gedenken. Auf dem Friedhof wurden bis etwa 1800 nur liegende Grabsteine verwendet, erst dann gab es auch aufrechtstehende Steine. 1841 kaufte Jeremias Rothfels das Gelände des neueren Teils des Friedhofs und schenkte es der Gemeinde. Auf diesem Friedhof gibt es ein Ehrenmal für die gefallenen jüdischen Soldaten des Ersten Weltkriegs sowie ein Denkmal für die jüdischen Opfer des Nationalsozialismus, das nach Kriegsende 1945 von Überlebenden der Konzentrationslager errichtet worden war.

Der Friedhof wird weiterhin für Bestattungen genutzt. Allerdings darf ein Teil des Geländes nicht benutzt werden, da dort während des Zweiten Weltkriegs russische und polnische Zwangsarbeiter ohne Kennzeichnung bestattet wurden. Eine schöne Tradition ist zudem, dass auf einem jüdischen Friedhof Eheleute nebeneinander bestattet werden, während Alleinstehende in einem anderen Bereich ihre letzte Ruhestätte finden. Für Juden sind jüdische Friedhöfe ein Ort des Lebens, denn ewiges Leben ist eng mit Gedenken verbunden. Man sagt, ein Mensch lebt, solange sich jemand an ihn erinnert.

Eichwald

Wir gehen weiter den Fasanenweg hinauf und am Ende direkt in den **Eichwald 4,** ein ca. 28 Hektar großes Waldgebiet. Wir befinden uns in einer kleinen Oase inmitten dieses Stadtteils, mit einem eindrucksvollen alten Baumbestand. Heute ist dieser Wald ein Ort der Erholung mit Freizeit- und Sportaktivitäten. Die Holznutzung erfolgt nur sehr eingeschränkt, da der Waldbestand einen hohen Naturschutzwert hat und auch die seltene Käferart, der Eremit, der in alten, toten Eichen lebt, hier zu finden ist. Zur Zeit des großen Kasseler Landgrafen Carl war dieses Waldgebiet als Fasanerie entstanden und 1830 um einen Tierpark erweitert worden. Tragischerweise brannte 1876 ein Teil der alten Fasanerie nieder und wurde durch das Restaurant „Eichwald" ersetzt. Hier befindet sich nun ein Grillplatz. Wir drehen eine kleine Runde in diesem wundersamen Wald, der von den Bewohnern und allen Besuchern einst auch gern „Wilhelmshöhe von Bettenhausen" genannt wurde.

Naherholung für groß und klein im Eichwald

Hier im Eichwald umgibt uns sofort eine heilsame Stille, die wir bei unserem kleinen Spaziergang genießen. Wir nehmen den 3. Waldweg rechts, der uns langsam nach unten und somit zurück auf die Eichwaldstraße führt. Bereits nach wenigen Metern versperrt uns ein umgestürzter Baum den Weg, daher wenden wir uns nach rechts, laufen wieder ca. 150 Meter, bevor uns ein Weg links nach unten führt. Wir gehen ein weiteres Mal rechts und erreichen die asphaltierte Eichwaldstraße, der wir rechts in Richtung Sportplatz folgen. Links sehen wir schon bald einige Sport- und Tennisplätze. Wir wenden uns erneut nach links, passieren einen kleinen Spielplatz zu unserer Rechten und folgen dem Weg, der uns zwischen den Tennisplätzen und dem Sportplatz in Richtung Olebachweg führt. Die Losse wirkt hier friedlich, doch bevor sie renaturiert wurde, gab es mehrfach verheerende Hochwasser, bei denen das Wasser unvorstellbare 24 Meter hochgestanden haben soll. Mit der Losse auf der linken Seite gehen wir weiter in Richtung des **Gewerbegebiets Kadruf 5.**

Kadruf

Der Name des Gewerbegebiets leitet sich von der alten Kasseler Druckerei und Färberei Aktiengesellschaft ab, die bereits 1763 gegründet worden war. Zur Blütezeit des Unternehmens Anfang der 1960er-Jahre arbeiteten hier 680 Mitarbeiter an modernsten Maschinen. Gesteuert wurden diese teilweise von einem „Zuse Z2", einem elektronischen Rechner des genialen deutschen Computer-Erfinders Konrad Zuse. Kadruf dürfte somit eines der ersten Unternehmen gewesen sein, das sich für die industrielle Pro-

Am Dorfplatz

duktion dieser Technologie bediente. Leider kam schon zwei Jahre später das Ende, als auf dem Höhepunkt der Textilkrise in Deutschland Kadruf 1965 Konkurs anmelden musste. Während der Maschinenpark und ein Teil des Grundstücks verkauft wurden, blieben die Gewerbeflächen und Gebäude im Besitz der Eigentümerfamilie, die die ehemalige Industriebrache ab 1965 zu einem attraktiven Gewerbepark weiterentwickelte.

An dem Industriepark vorbei gehen wir die erste Straße nach rechts und laufen bis zu der vor uns liegenden Wiese, die wir links umrunden. Nach einem kurzen Spaziergang im Grünen gelangen wir über die Straße „Vogelsang" zurück in ein Wohngebiet und überqueren schließlich die Pfarrstraße an der kleinen Insel, halten uns links, bevor wir rechts in den **Inselweg** 6 einbiegen. Der Inselweg führt uns zurück zum Ortskern Bettenhausen und seinem Dorfplatz. Früher verlief hier der Mühlgraben, der heute nicht mehr zu sehen ist. Das stetig fließende Wasser der Losse hatte dazu geführt, dass sich im Laufe der Jahrhunderte zahlreiche Mühlen am Ufer

Blick auf die Marienkirche

Marienkirche

angesiedelt haben, um die Wasserkraft zu nutzen. Zur Wasserversorgung der Mühlen wurde einst ein Mühlengraben angelegt. Folglich bildete sich eine langgestreckte Insel zwischen Graben und Fluss, auch kleine Losse und große Losse genannt, was zu der Namensgebung Inselweg führte. Nach dem Zweiten Weltkrieg wurde der Graben, der bereits viele Jahre nicht mehr genutzt worden war, mit den Trümmern des zerstörten Bettenhausen zugeschüttet. Wir folgen dem Inselweg und gelangen zum Dorfplatz, wo wir die Marienkirche bereits majestätisch aufragen sehen. Der wirklich schön angelegte **Dorfplatz** **7** lädt uns zum Verweilen auf einer der vielen Bänke ein. In der Zeit der Weimarer Republik wurde der Platz ein Ort politischer Auseinandersetzungen. Einer der prominentesten Redner damals war der Kasseler Oberbürgermeister und ehemalige Ministerpräsident der Weimarer Republik, Phillipp Scheidemann.

Die 1793 erbaute **Marienkirche** **8** steht in der Tradition der alten Dorfkirche von Bettenhausen, die in einer Urkunde von 1318 erstmalig Erwähnung fand. Die Kirche war gebaut worden, nachdem Bettenhausen im Zuge der Industrialisierung einen ungeheuren Zuwachs an Einwohnern erfahren hatte. Leider wurde die alte Marienkirche im Zweiten Weltkrieg stark beschädigt, aber nach dem Wiederaufbau 1954 erneut geweiht. Sehenswert sind der Altar und der Taufstein des Kasseler Künstlers Hermann Pohl sowie an der Altarwand das Kreuz von Hubert Distler.

Wir gehen weiter und sehen auf der linken Seite am Dorfplatz das **Schulgebäude 9** aus dem Jahre 1817, in dem sich heute Wohnungen der evangelischen Landeskirche befinden. Wir bummeln durch die Erfurter Straße mit zum Teil sehr alten und vor allem wundervoll restaurierten Fachwerkhäusern. Am Ende der Straße gelangen wir erneut zur Miramstraße, wo wir links abbiegen und geradeaus in die Großalmeroder Straße gehen. Wir laufen bis zum Kunigundishof und gehen schließlich links zur **St.-Kunigundis-Kirche 10**. Diese 1927 geweihte Kirche der katholischen Gemeinde wurde nach Kaiserin Kunigunde, der Gattin von Kaiser Heinrich II. benannt. Sie gilt als erste Kirche in Spannbetonbauweise und steht daher unter Denkmalschutz. Glücklicherweise hat die Kirche den Zweiten Weltkrieg fast unbeschadet überstanden. Das Gotteshaus ist ein einschiffiger Raum im romanischen Stil, der Turm hat eine Höhe von ca. 38 Meter. Leider ist die Kirche wegen baulicher Mängel geschlossen, doch wir können sie einmal umrunden und von außen bewundern. Schließlich spazieren wir zurück in die Großalmeroder Straße, bis wir vor einem weißen Zaun auf der linken Seite durch einen kleinen Durchgang zurück auf die Agathofstraße gelangen. Wir gehen links und sind nach ca. 200 Metern wieder an unserem Ausgangspunkt in der Sandershäuser Straße angelangt.

St.-Kunigundis-Kirche

3 WELTERBE TRIFFT KURPARK

Start: Herkules Kassel (GPS: 51.316104, 9.393552)
Ziel: Schloss Wilhelmshöhe (GPS: 51.314986, 9.416333)
Länge: ca. 4,5 Kilometer
Dauer: ca. 1 Stunde
ÖPNV: Haltestelle Herkules, Bus 23; Rückkehr zum Ausgangspunkt: Haltestelle Wilhelmshöhe (Park), Straßenbahn 1 bis Herkules
Parken: An Wasserspieltagen gibt es eine Busverbindung vom Besucherzentrum in Wilhelmshöhe zum Besucherzentrum am Herkules. Sonst nimmt man beim Besucherzentrum Schloss Wilhelmshöhe Straßenbahn 1, Haltestelle Bahnhof Wilhelmshöhe, dort Tram 4, Haltestelle Druseltal und weiter mit Bus 22, Haltestelle Herkules.

Unterwegs entdeckt:

1 Herkules
2 Vexiergrotte
3 Riesenkopfbecken
4 Kaskadenanlage
5 Neptunbecken
6 Steinhöfer Wasserfall
7 Eremitage des Sokrates
8 Teufelsbrücke
9 Aquädukt
10 Fontänenteich
11 Gewächshaus
12 Ballhaus
13 Schloss Wilhelmshöhe
14 Roseninsel

Essen + Trinken:

Herkules Terrassen mit einem spektakulären Blick über Kassel (Schlosspark 26, 34131 Kassel, Tel. 05 61/93 73 19 10, www.herkules-terrassen.de).

Die **Kaskadenwirtschaft Grischäfer** ist eine tolle Location mit leckerem Essen im Innen- und Außenbereich (Schlosspark 22, 34131 Kassel, Tel. 05 61/ 2 88 77 44, www.kaskaden-wirtschaft.de).

Nach dem Kunstgenuss kann man sich im schlosseigenen **Café Jérôme,** das zu den Öffnungszeiten des Schlosses geöffnet hat, verwöhnen lassen (Schlosspark 1, 34131 Kassel, Tel. 05 61/51 07 71 50, www.cafe-jerome.de).

Im Reich der Halbgötter, Sagen und Ritter

Hoch über der Stadt und schon von Weitem sichtbar, thront Herkules auf dem Karlsberg, einem der höchsten Punkte der Stadt. Der Besuch ist ein absolutes Muss, denn wer nicht an oder auf dem Herkules war, hat Kassel nicht gesehen! Wer Lust hat, die gut 70 Meter bzw. 300 Stufen des Denkmals hochzusteigen, wird mit einem grandiosen Blick in alle Himmelsrichtungen belohnt. Als Denkmal für die Ewigkeit von dem Italiener Giovanni Francesco Guerniero ab 1700 errichtet, thront Herkules seit über 300 Jahren hier oben. Das Bauwerk besteht aus einem Oktogon, einer Pyramide, einem Sockel und der kupfernen Figur des Halbgotts Herkules.

Nachdem wir zu Füßen des **Herkules** 1 den Blick über die Stadt genossen haben, steigen wir die Stufen entlang der Kaskaden hinab. Gleich auf dem ersten Plateau gilt es, die **Vexiergrotte** 2 zu entdecken. Wir gehen um das Felseneck herum und sehen in der Mitte des Plateaus das Artischockenbecken sowie die rechts unter einem Vorsprung verborgene Grotte. Dabei fällt unser Blick auf den Flöte spielenden Pan. In der Nische rechts von ihm befindet sich eine männliche Gestalt mit einer Sense und einer Sanduhr in der Hand, die uns an die verrinnende Zeit und an den Tod gemahnt. Es ist Chronos, die Allegorie der Zeit. In der linken Nische befindet sich eine weibliche Gestalt – die Allegorie des Neides –, die eine Schlange an der Brust nährt. Bereits 1705 wurde in der Höhle hinter Pan eine Wasserorgel eingebaut. Die wunderbare Musik sollte Besucher anlocken – doch Vorsicht, die Vexierspiele können in Form feiner Wasserstrahlen aus dem Fußboden sowie aus den Wänden heraustreten, ein

Blick auf Herkules

feuchtes Vergnügen für die überraschten Besucher. Sowohl die Musik als auch die Wasserstrahlen können durch den Einwurf einer Münze am Eingang der Grotte ausgelöst werden. Wir verlassen die Grotte und gehen entweder links oder rechts an einem der beiden Felsenecks vorbei, um entlang der Kaskaden zum unteren Wassertheater, dem **Riesenkopfbecken** 3 zu gelangen. In diesem Wassertheater sehen wir einen großen Felsberg, der links von einem Triton und rechts von einem Kentaur flankiert wird. Beide blasen Kupferhörner. Bei genauem Hinschauen sieht man in der Mitte des Beckens einen steinernen Kopf aus dem Wasser ragen, der hinauf zu Herkules schaut. Es handelt sich um den Giganten Enkelados, der von Pallas Athene unter den Steinen

Pan in der Vexiergrotte

Große Kaskaden

des Ätna begraben wurde. Während der Wasserspiele tritt aus seinem Mund eine 12 Meter hohe Fontäne und aus den Hörnern der mythologischen Figuren ertönt ein durchdringender Ton.

Wir verlassen dieses Wassertheater und betreten die **große Kaskadenanlage** **4**. Sie ist 210 Meter lang, neun Meter breit und in drei Bereiche eingeteilt. Die breite mittlere Kaskade wird links und rechts von einer leicht erhöhten schmaleren Kaskade flankiert. Unterbrochen wird die Kaskadenanlage durch kleine Wasserbecken, die den Wasserlauf unterbrechen, bis der Wasserspiegel so hochsteigt, dass das Wasser überschwappt und seinen Lauf fortsetzt. Die Kaskaden enden am **Neptunbecken** **5**. Hier sitzt

Barocke Baukunst im Bergpark

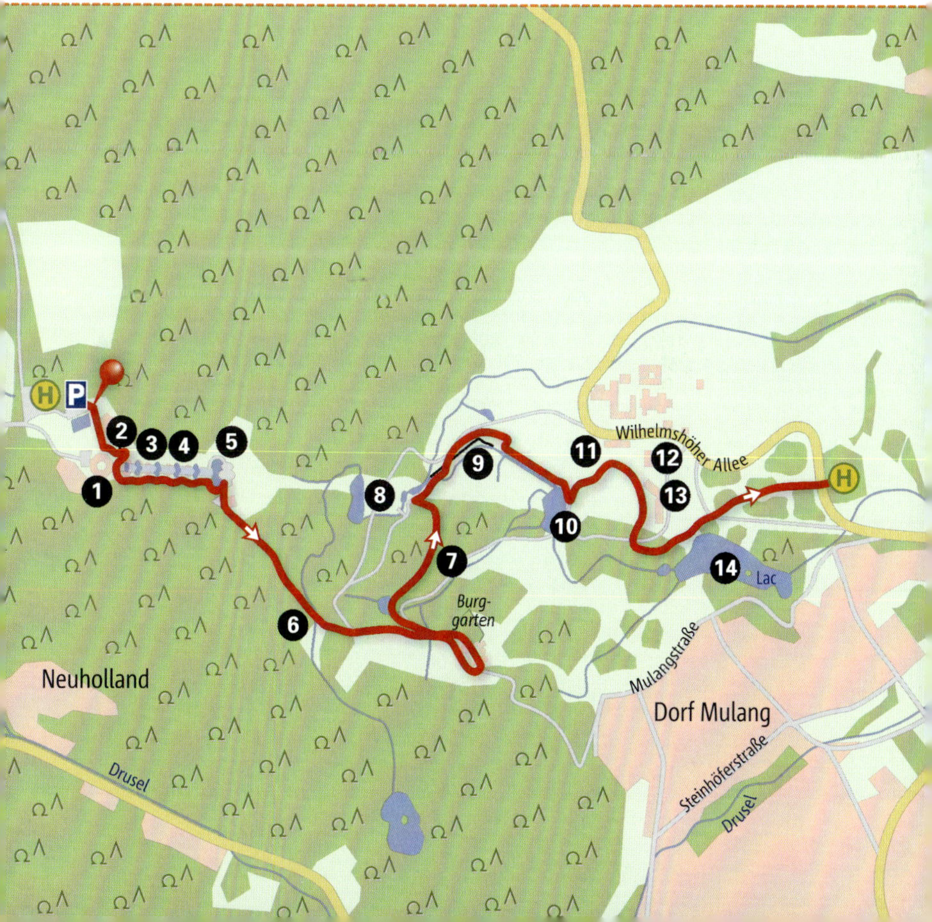

Neptun

auf einem Muschelthron der Wassergott Neptun. Während der Wasserspiele entsteht ein Wasservorhang, der ihn und die Grotte verschwinden lässt. Das passt zu der Idee, dass die Wasserspiele wie ein Theaterstück zu bewundern seien, nach dessen Aufführung der Vorhang fällt, der die Bühne verdeckt, wie hier das Wasser die Grotte und Neptun. Am Neptunbecken endeten 1714 die barocken Wasserspiele. Nach einem letzten Blick auf die Anlage und die im Tal liegende Stadt gehen wir rechts am Kaskadenrestaurant vorbei, ein Stück die Straße hinunter und nehmen rechts den ersten Weg, der uns zum **Steinhöfer Wasserfall 6** führt, der ersten Station der romantischen Wasserspiele.

Auf den ersten Blick scheint es ein aufgegebener Steinbruch zu sein, der langsam, aber sicher von der Natur zu-

Steinhöfer Wasserfall

rückerobert wird. Die Steine sind von Moos bedeckt, hier und da wachsen Bäume zwischen den aufgeschichteten Basaltstelen. Obwohl für europäische Landschaftsgärten künstlich angelegte Wasserfälle eher untypisch sind, waren sie auf der Wilhelmshöhe bereits zu Zeiten der Landgrafen ein wichtiges Gestaltungselement der Gartenkunst. Dieser rauschende Wasserfall wurde vom Brunneninspektor Karl-Friedrich Steinhofer realisiert und nach diesem auch benannt. Wir gehen links bis zur Kette in den Bereich des Steinhöfer Wasserfalls und genießen von hier den idyllischen Blick auf den Wasserfall vor uns sowie die Löwenburg hinter uns, zu der wir nun hinübergehen.

Die Löwenburg – eine MITTELALTERLICHE BURG?

Verwundert mag sich der Besucher die Augen reiben, wenn er vor der Löwenburg, einer vermeintlich mittelalterlichen Burg inmitten des Bergparks steht. Tatsächlich wurde die Burg aber erst Ende des 18. Jahrhunderts als künstliche Ruine eines romantischen Landschaftsgartens errichtet. Im Auftrag von Landgraf Wilhelm IX. war die Löwenburg von seinem Hofgarteninspektor Heinrich Christoph Jussow als privater Rückzugsort konzipiert und gebaut worden. Was für eine große Bedeutung die Burg für ihn hatte, zeigt sich auch daran, dass der Landgraf schon sehr früh verfügte, einmal in der Gruft der Kapelle beigesetzt zu werden. Eine Besichtigung der Burg lohnt sehr, wurden doch in den letzten Jahren der große Bergfried wieder aufgebaut und auf der Bel Etage einige Räume nach historischen Aufzeichnungen von 1815 rekonstruiert. Da die Ausstattung der Burg größtenteils erhalten ist, vermittelt sie ein authentisches Bild von der höfischen Kultur um 1800. Das trifft auch auf die gut bestückte Rüstkammer zu, die eine bedeutende Sammlung beherbergt, unter anderem eine Trauerrüstung, die Rüstung des schwarzen Ritters sowie eine komplette Turnierrüstung für ein Pferd. Zu den Außenanlagen gehören ein Flaniergarten, ein Turnierplatz sowie ein Obst- und Gemüsegarten, die es ebenfalls zu entdecken gilt.

Löwenburg

Eremitage des Sokrates

Nach dem Rundgang durch die Burg gehen wir auf der Straße ein Stück zurück und stoßen schließlich rechts auf den Leichenweg. Ein ungewöhnlicher Name, aber keine Angst, es pflastern keine Toten diesen Weg, wurde auf ihm doch nur der Leichnam des Herrschers zur Gruft der Löwenburg gebracht. Wir verlassen diesen Weg sofort wieder, denn wir wollen links zu dem kleinen Teich, dem Entenfang, gelangen. Hier wurden im Auftrag von Wilhelm IX. bei der Jagd die Enten zusammengetrieben, damit er diese bequemer schießen konnte. Wir sind nun auf dem Philosophenweg und erreichen nach knapp 100 Metern die **Eremitage des Sokrates 7.** Es handelt sich dabei um ein kleines Steinhaus, das mit Borke verkleidet wurde. Die Blickachsen werden bis heute freigehalten, sodass man auf einer der Bänke vor dem Haus innehalten und den Blick über den Park und die Stadt genießen kann. Unser Weg führt uns weiter in Richtung **Teufelsbrücke 8,** einer weiteren Station der Wasserspiele. Das Wasser stürzt unter der Teufelsbrücke in den 8 Meter tiefer gelegenen Höllenteich. Bei einem Blick über den kleinen Teich hinweg können wir die Plutogrotte erkennen. Wir verlassen diese Orte der Schattenwelt und folgen dem asphaltierten Weg, bis dieser zu einem Waldweg wird, und uns weiter geradeaus in Richtung **Aquädukt 9** führt. Wir laufen an dem gut 200 Meter langen Bauwerk entlang, sehen rechts die hier noch ebenerdig offene Rinne, die das Wasser transportiert. Je weiter wir der künstlichen Ruine mit ihren 15 Torbögen folgen, desto höher werden die Bögen. Die perfekte Inszenierung einer verfallenen römischen Wasserleitung. An der Bruchkante stürzt das Wasser an Wasserspieltagen gut 34 Meter in die Tiefe, doch auch in trockenem Zustand ist die Anlage spektakulär. Auf dem kleinen Hügel links, dem Jungfernkopf, steht der kleine Merkurtempel, der erst vor wenigen Jahren aufwändig restauriert wurde. Das Kuppeldach des Tempels wurde mittels einer hölzernen Konstruktion erneuert und anschließend mit einer traditionellen Schiefereindeckung versehen. Im Inneren wurde zudem eine neue Merkurstatue aufgestellt. Wir gehen am Aquädukt vorbei und folgen dem Weg in den Park hinunter, der uns parallel an den kleinen Kaskaden, den Penesuskaskaden, vorbeiführt.

Aquädukt

Blick zum Schloss

Nachdem wir rechts nach weiteren 150 Metern dem kleinen weißen Jussowtempel begegnet sind, stehen wir schließlich direkt vor dem **Fontänenteich 10.** In der barocken Parkachse stehend haben wir einen fantastischen Blick nach

Bowling Green

oben zum Herkules und zur anderen Seite zum Schloss Wilhelmshöhe mit dem davor liegenden Bowling Green. Da wir noch Lust auf weitere Entdeckungen haben, gehen wir ein kleines Stück zurück Richtung Tempel und laufen schließlich rechts, wobei wir die große Rasenfläche, das Bowling Green, passieren. Nach ca. 200 Metern sehen wir vor uns das große **Gewächshaus 11**, das Kurfürst Wilhelm II. durch seinen Hofarchitekten Johann Conrad Bromeis in den Jahren 1822/23 erbauen ließ. Von 1886 bis 1888 wurde das Gewächshaus durch einen großen rechteckigen Mittelbau erweitert. Bei diesem Gewächshaus handelt es sich um eine Eisen-Glas-Konstruktion, die zu den frühesten ihrer Art auf dem europäischen Kontinent zählt. Wie bereits zu Wilhelms Zeiten überwintern hier die frostempfindlichen Pflanzen. Ein Besuch des Gewächshauses lohnt sich vor allem, wenn die Kamelien blühen. Nach den Eisheiligen kommen die Pflanzen – oft auch in Töpfen – nach draußen, dann kann das Gewächshaus auch als Veranstaltungsort genutzt werden. Vor dem mittleren Teil des Gewächshauses stehen Ginkgobäume, die zu den ältesten Europas gehören.

Gewächshaus

Wir gehen weiter zum **Ballhaus 12.** Es liegt inmitten eines Kastanienhains und wirkt eher unscheinbar. Ein Eindruck, der schnell schwindet, wenn man das Haus betritt, denn in seinem Inneren offenbart sich ein wahres klassizistisches Juwel. Vor allem der reich ausgemalte Ballsaal ist von besonderem kunsthistorischen Wert. Die Wandfelder wurden mit Groteskenmotiven nach antik-römischem Vorbild gestaltet, die Frieszone des Gebälks zeigt eine Abfolge von Spiralranken, Vasen und exotischen Vögeln, die Tonnendecke ist mit einer aufgemalten Kassettengliederung mit Blumengehängen versehen. Nachdem das Ballhaus 1810 in der Regierungszeit von König Jérôme Bonaparte von Leo Klenze als Hoftheater errichtet worden war, ließ es Kurfürst Wilhelm II. von seinem Architekten Johann Conrad Bromeis zum heutigen Ballhaus umbauen.

Zum Abschluss unseres Spaziergangs geht es zum **Schloss Wilhelmshöhe 13** und wir genießen erneut den Blick auf die Weiten des Bergparks. Das Schloss entstand ab 1786 und beherbergt heute die Gemäldegalerie Alte Meister, die Antikensammlung, die Graphische Sammlung, das Schlossmuseum im rechten Weißensteinflügel sowie eine wissenschaftliche Präsenzbibliothek im linken Kirchflügel. Nach Plänen von Simon Louis Du Ry entstanden zunächst die beiden Seitenflügel, der südliche Weißensteinflügel und der nördliche Kirchflügel und erst dann das Corps de Logis, der Mitteltrakt des Schlosses. Das Corps de Logis wurde durch klassizistische Elemente, den Portikus sowie eine vom römischen Pantheon abgeleitete Kuppel monumental erhöht. Erst im 19. Jahrhundert unter Kurfürst Wilhelm II. erhielt das Schloss seine geschlossene Form, indem Verbinderbauten zwischen den Flügeln errichtet wurden. Anfang 1945 wurde das Corps de Logis zerstört und erst Ende der sechziger Jahre wieder aufgebaut, wobei die frühere Kuppel leider nicht wieder errichtet wurde.

Vorderseite von Schloss Wilhelmshöhe

3 WELTERBE TRIFFT KURPARK

Roseninsel

Ein Besuch der Gemäldegalerie im Schloss Wilhelmshöhe ist für Kunstliebhaber ein ganz besonderes Highlight, denn auf drei Stockwerken werden etwa 600 Gemälde präsentiert, von denen ein großer Teil aus dem Besitz von Landgraf Wilhelm VIII. von Hessen-Kassel stammt. Dieser kunstbegeisterte Fürst hat im 18. Jahrhundert eine Gemäldesammlung von europäischem Rang zusammengetragen. Seine ausgesprochene Vorliebe galt den flämischen und holländischen Meistern des 17. Jahrhunderts. Die Kasseler Sammlung ist eine der bedeutendsten außerhalb der Niederlande. Große Namen wie Peter Paul Rubens, Rembrandt und Frans Hals seien hier nur stellvertretend genannt. Die Gemäldegalerie Wilhelmshöhe kann sich sogar rühmen, nicht nur die älteste, sondern auch eine der größten Rembrandtsammlungen Deutschlands zu besitzen, in der unter anderem „Jakobssegen" und das „Bildnis der Saskia van Uylenburgh" von 1632 zu bestaunen sind.

Wir verlassen das Schloss und gehen links in Richtung Weißensteinflügel. Direkt hinter diesem Teil des Schlosses nehmen wir den ersten Weg links, der uns erst über einige Stufen nach unten und dann unterhalb des Schlosses vorbeiführt. Bereits nach kurzer Zeit sehen wir rechts unter uns den kleinen Lac und darunter den großen Lac. Hier befindet sich auch die **Roseninsel** **14** sowie, umgeben von zwei großen Rhododendren, der Grabstein für „Erdmann", den Lieblingsdackel von Kaiser Wilhelm II. Eine kleine Kuriosität, denn der Grabstein war nach dem Krieg auf dem Dachboden von Schloss Wilhelmshöhe gefunden worden, bevor der Stein hier auf die Roseninsel gebracht und eine Art Grabstätte für den Dackel geschaffen wurde. Der Grabstein ist folglich auf der Roseninsel, wo in Kassel jedoch der Hund begraben liegt, das weiß leider niemand.

Die Perle VOM WEISSENSTEIN

Rosen haben auf der Wilhelmshöhe eine lange Tradition, denn bereits um 1143 wurde auf dem Areal des heutigen Schlosses ein Kloster gegründet, das nach einem Quarzitfelsen „Weißenstein" genannt wurde. Die Mönche und später die Nonnen dieses Klosters bauten Heilpflanzen wie beispielsweise die Wildrose, die Hundsrose, die Apfelrose, die Weinrose oder die Essigrose an. Nach Schließung und Abriss des Klosters wurde Schloss Weißenstein an die Stelle gesetzt, das allerdings später ebenfalls wieder abgerissen wurde. Mit den angefallenen Trümmern wurde die Roseninsel aufgeschüttet und in langen Reihen Rosen gepflanzt, von denen nach 1866 leider viele verloren gingen. Glücklicherweise jedoch nicht die „Perle von Weißenstein", die heute älteste deutsche Zuchtrose aus dem Jahr 1773. Dank des Vereins „Roseninsel Park Wilhelmshöhe e.V." ist die hiesige Sammlung mit über 1000 Rosen unter Rosenliebhabern in aller Welt berühmt. Der ehemalige Weltrosenpräsident David Ruston erklärte die Kasseler Sammlung gar zu der romantischsten Rosenanlage der Welt.

Wir gehen weiter und folgen dem Weg am unteren Ende der steilen Schlosswiese. Auf diesem Pfad bleibend kreuzen wir die barocke Achse und nehmen dann den Weg gegenüber, der uns direkt zur Straßenbahnhaltestelle der Linie 1 führt, mit der wir zurück in die Stadt fahren können.

4 ROTHENDITMOLD UND SCHILLERVIERTEL

Start/Ziel: Kulturbahnhof Kassel (GPS: 51.31827, 9.489470)
Länge: ca. 4 Kilometer
Dauer: ca. 1 Stunde
ÖPNV: Haltestelle Hauptbahnhof Nord, Bus 17, 30, 32, 37, 38; Haltestelle Bahnhof, RegioTram 1, 4, 5
Parken: Joseph-Beuys-Straße

Unterwegs entdeckt:

1 Caricatura
2 Wandgemälde Kulturbahnhof
3 Denksteinsammlung
4 Gleis 13
5 Henschelwerke
6 Foto-Motel
7 Mural
8 Kunstsäule
9 Joseph Beuys
10 Ehemalige Fabrik Chassalla
11 Älteste Videothek der Welt
12 Hotel Reiss

Essen + Trinken:

Eine nette Studentenkneipe, Bar, Restaurant mit einer leckeren Küche zu moderaten Preisen – das ist das **Podium** (Kölnische Straße 34, 34117 Kassel, Tel. 05 61/10 46 93, www.podium-kassel.de).

Kunst und Industrie

In jeder Stadt gibt es Viertel, die man am besten schnell hinter sich lässt, wo man wenig Lust verspürt, sie genauer zu erkunden. In Kassel gilt das sicherlich für Rothenditmold und das Schillerviertel. Schade, denn es lohnt durchaus, sich dieses Viertel genauer anzusehen. Viele Privatinitiativen, aber auch die Künstler von KolorCubes haben die Industriebrachen für sich entdeckt und beleben sie auf wundervolle Art und Weise neu.

Wir starten am alten Kasseler Hauptbahnhof, der nach den Entwürfen von Gottlob Engelhard von 1851 bis 1856 im Stil des romantischen Klassizismus erbaut wurde. Von hier wurden vor allem die Friedrich-Wilhelm Nordbahn, die Hannoversche Südbahn sowie die Main-Weser-Bahn bedient. Nach seiner Zerstörung im Zweiten Weltkrieg wurde der Bahnhof deutlich moderner wieder aufgebaut, wobei darauf geachtet wurde, an einigen Stellen die historische Substanz zu erhalten. Mit dem Bau des ICE-Bahnhofs verlor jedoch der alte Hauptbahnhof endgültig seine Bedeutung. 1995 wurde er deshalb grundlegend saniert und zu einem „Kulturbahnhof" umgestaltet. So entstanden neben mehreren Galerien, einem Architekturzentrum und gastronomischen Einrichtungen die Bali Kinos sowie das Medienprojektzentrum Offener Kanal Kassel. Zur documenta X im Jahr 1997 entstanden durch den Umbau des Südflügels zudem neue Räume, die als Ausstellungsflächen, Tagungszentrum und von der freien Kunstszene genutzt werden.

Bevor wir den Kulturbahnhof betreten, gehen wir rechts in die Ausstellungsräume der **Caricatura** 1. Die Galerie für Komische Kunst ist mittlerweile eine feste Größe im Kulturleben unserer Stadt. Mit ihren erfolgreichen Aktivitäten ist die Caricatura Kassel zu einem der wichtigsten Komik- und Satire-Zentren in Deutschland geworden. Seit 1987 wird hier parallel zur documenta alle fünf Jahre die größte Sammelausstellung Komischer Kunst im deutschsprachigen Raum gezeigt. Sie

Gedenksteine

zeigt mehrmals pro Jahr Ausstellungen mit Arbeiten aus den Bereichen Cartoon, Karikatur, Komische Zeichnung und Komische Malerei. Selbst Besucher, die mürrisch und mit schlechter Laune die Ausstellungsräume betreten, verlassen sie gewiss mit einem Lächeln im Gesicht!

Wir betreten den Bahnhof und wenden uns direkt nach links, um in der alten Halle hinter uns einen Blick nach oben auf das große **Wandgemälde** **2** zu werfen. Zu sehen ist eine idealisierte Darstellung von Kassel in den 1950er-Jahren, die die Stadt und den alten Bahnhof als Nabel der Welt darstellt und die mit den europäischen Metropolen verbunden ist. Wir verlassen die Halle wieder und gehen in den Bahnhof hinein. Rechts sehen wir die Räumlichkeiten des „Offenen Kanals Kassel", wo zu bestimmten Terminen in Kooperation mit dem Stadtmuseum Kassel ein 26-minütiger Video Walk des Künstlerpaars Janet Cardiff und George Bures Miller startet, die zur documenta 13 ein spannendes Medium der Geschichtsvermittlung entwickelt haben. Ausgestattet mit einem tragbaren Mediaplayer und einem Kopfhörer können die Gäste die Vergangenheit des alten Hauptbahnhofs lebendig werden lassen. Während des Spaziergangs sehen die Gäste denselben Ort auf dem Bildschirm, an dem sie sich gerade befinden. Bei dem Versuch, die abgebildeten historischen Ereignisse mit der aktuellen Wirklichkeit in Deckung zu bringen, entsteht eine eigene Gedankenwelt. Das Erlebte verunsichert, irritiert und ist zugleich unheimlich, da sich die Wahrnehmungen von Vergangenheit und Gegenwart überlagern.

Wir gehen weiter in Richtung der Gleise und sehen links einen Wagen, der mit einer Glasabdeckung verschlossen ist und in dem viele Steine in Papier eingewickelt liegen. Wir stehen vor der **Denksteinsammlung 3** von Horst Hoheisel. Es ist in der jüdischen Kultur Tradition, bei einem Friedhofsbesuch einen Stein auf den Grabstein zu legen. Daran sollen die Steine in diesem gläsernen Wagen erinnern. Das Papier um die Steine steht für die Melderegister, die bis heute nicht nur über die Adresse, sondern auch über die Religionszugehörigkeit Auskunft geben. So fiel es den Nationalsozialisten leicht, alle jüdischen Bürger der Stadt ausfindig zu machen.

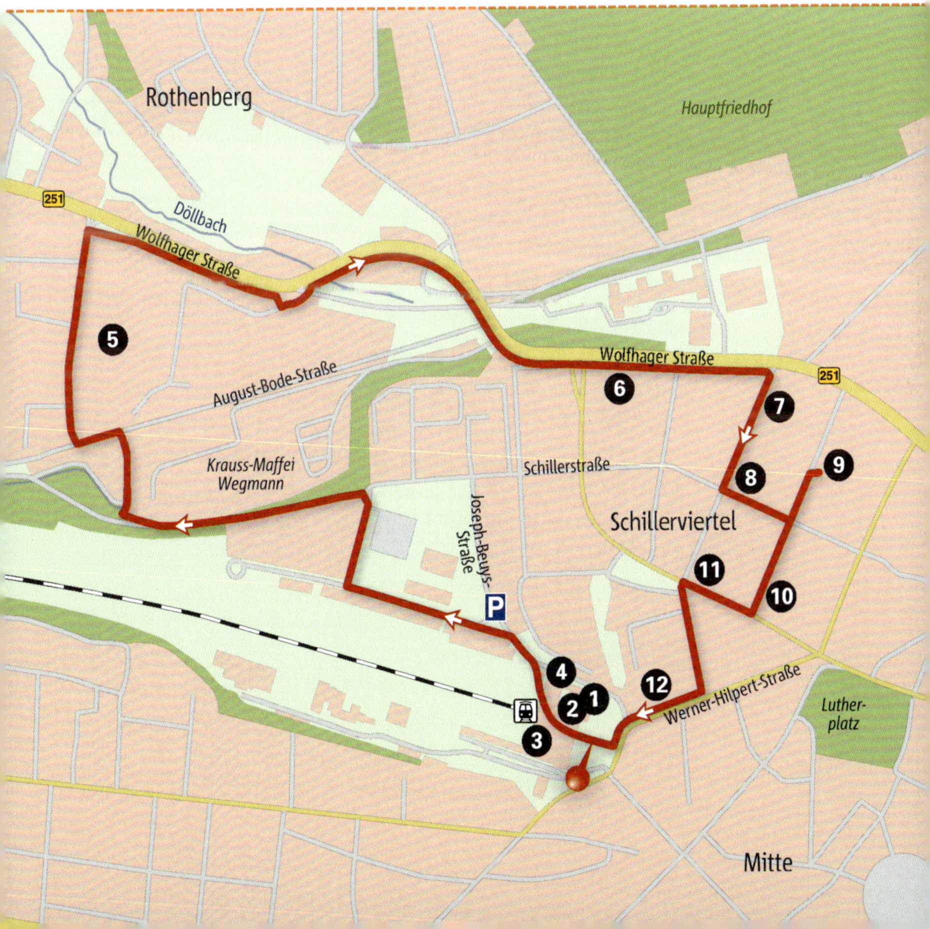

Gedächtnis der Gleise

Viele Juden lebten zu dieser Zeit in großen Wohnungen im Vorderen Westen. Mit der Machtübernahme durch die Nationalsozialisten wurden die Wohnungen und Wertgegenstände beschlagnahmt. Schließlich wurden die Juden in kleinen Wohnungen in der heutigen Goethestraße zusammengetrieben, von wo aus man sie dann über das Tannenwäldchen und den Kratzenberg zum alten Hauptbahnhof brachte, um sie in großen Gruppen abzutransportieren. Wir verlassen diese eindrucksvolle Arbeit und gehen an den Gleisen entlang zum **Gleis 13 4,** das etwas zurückversetzt liegt. Inhaltlich knüpft es an die Denksteinsammlung an, indem es an die etwa 2.300 Juden aus dem damaligen Regierungsbezirk Kassel erinnert, die von diesem Gleis im Dezember 1941 sowie im Juni und September 1942 in die Ghettos, Konzentrations- und Vernichtungslager deportiert wurden. Auf den Gleisen sind 1007 Namen von Jüdinnen und Juden zu lesen, die nach den Deportationen ermordet wurden.

Daran erinnert zu werden, macht uns nachdenklich und betroffen und noch während wir unseren Gedanken nachhängen, verlassen wir links durch ein Tor den Bahnhof und wenden uns gleich darauf erneut nach links. Hier auf der Nordseite des Bahnhofsgeländes befand sich früher der Güterbahnhof, der 2014 abgerissen wurde. 2013 kaufte die Stadt Kassel die Flächen des ehemaligen Güterbahnhofes von der Deutschen Bahn AG, um hier ein Gewerbegebiet entstehen zu lassen. Bereits fertiggestellt ist das Fraunhoferinstitut für Windenergie und Energiesystemtechnik. Interessant ist nicht nur der Name der Straße, die durch dieses Viertel führt – Joseph-Beuys-Straße – sondern auch die Bäume mit dem Basaltblock, die auf seine berühmte Baumpflanzung in den Jahren 1982–1987 hinweisen. Die kleinen Schuppen auf der linken Seite stehen größtenteils leer, ein Schild verweist noch auf das Zollamt Kassel, das sich allerdings schon lange nicht mehr hier befindet. Die freie Künstlerszene, die übergangsweise diese Schuppen genutzt hat, ist nun in das Schillerviertel abgewandert, doch dazu später mehr. Hier teilt sich die Joseph-Beuys-Straße, wir gehen links am Fraunhoferinstitut vorbei. An dem großen Parkplatz gehen wir rechts durch die „Clara-Immerwahr-Straße" und biegen schließlich links in die Schillerstraße, eine ausgewiesene Fahrradstraße, die uns bergab führt. Das Gelände rechts ist eingezäunt und überall sind Kameras zu sehen. Es handelt sich um einen Teil des Firmengeländes von Krauss Maffei Wegmann, einem der bedeutendsten deutschen Rüstungsunternehmen. Schließlich überqueren wir rechts eine kleine Brücke, gehen durch die Brandaustraße, in der auch einige Häuser aus der Anfangszeit der Industrialisierung zu sehen sind.

Altes Zollamt

Die industrielle Revolution im 19. Jahrhundert verlieh der Backsteinarchitektur völlig neue Dimensionen. Für große Industriekomplexe, Hochöfen und Schornsteine, die in dieser Zeit das Erscheinungsbild vieler Städte veränderten, wurde ein leicht herstellbares, belastbares und vor allem auch gut zu transportierendes Baumaterial benötigt. Backstein erfüllte all diese Anforderungen und wurde so im wahrsten Sinne des Wortes zum architektonischen Grundstein der Industrialisierung. Ein wunderbares Beispiel dafür ist das Gelände der alten **Henschelwerke 4**, das heute das Technik-Museum Kassel, das Henschelmuseum sowie die Skatergruppe „Mr Wilson" beherbergt. Auf der 40.000 Quadratmeter großen Fläche befinden sich zahlreiche Gebäude

Alter Henschel-Fabrikschornstein

des einst größten Arbeitgeber Kassels. Hier wurden zum Beispiel Lokomotiven gebaut, hier hat die Firma Henschel Technikgeschichte geschrieben.

Auf der Rückseite des Industriedenkmals fällt unser Blick auf ein Logo mit einem Affen auf einem Skateboard. Hier sind die Skater von Mr. Wilson zu Hause, die sich mit viel Eigenleistung hier ihr ureigenes Paradies geschaffen haben. Wir folgen rechts weiter der Brandaustraße immer an dem alten Henschelwerk vorbei. Mit dem Bau der Hammerschmiede begann 1871 der Lokomotivbau in Rothenditmold. Das Henschel-Werk ist eine der wenigen historisch bedeutenden Fabrikanlagen, von der die originale Bausubstanz nahezu vollständig erhalten ist.

Technik- MUSEUM

Auf dem ehemaligen Gelände der Henschelwerke mit Eingang an der Wolfhager Straße präsentiert das Technik-Museum eine wichtige Epoche der Geschichte Kassels und Nordhessens. Ein Besuch ist unbedingt zu empfehlen, bietet sich mit ihm doch eine Zeitreise durch 300 Jahre Industrie- und Technikgeschichte. Diese beginnt 1706 mit der Vorführung von Denis Papins Dampfpumpe und setzt sich in den folgenden Jahrzehnten mit der Entwicklung und dem Bau von Lokomotiven und Straßenbahnen fort. Auch Präzisionsinstrumente wurden in Kassel entwickelt und produziert, bis heute wird in Nordhessen an zukunftsweisenden Hightech-Innovationen geforscht. Eine Erfolgsgeschichte, die man im Technik-Museum anhand von sorgfältig ausgewählten und präsentierten Exponaten nachvollziehen kann. Zu bewundern sind historische Feuerwehrwagen, Solar- und Rennautos sowie Werkzeugmaschinen. Weitere Sammlungsgebiete sind die Magnetschwebetechnik, die elektrische Energietechnik, Zweiräder sowie die Nachrichten- und Medientechnik. Vom „Dra-

che", der ersten Henschel-Dampflokomotive, bis zum Transrapid von Thyssen Henschel ist alles vertreten. Wer noch mehr über die Persönlichkeiten der Familie Henschel wissen möchte, der sollte gleich nebenan im alten Verwaltungsgebäude das ebenso wie das Technik-Museum ehrenamtlich betriebene Henschelmuseum besuchen. Hier werden Gegenstände, Fotos, Konstruktionszeichnungen und andere Schätze der Unternehmensgeschichte aufbewahrt.

Wir gehen weiter durch Rothenditmold, entlang der Wolfhager Straße. Hier wohnten fast ausnahmslos Arbeiterfamilien, denn neben Henschel hatten sich Ende des 19. Jahrhunderts noch eine ganze Reihe weiterer großer Firmen hier angesiedelt. Nachdem wir die Mombachstraße überquert haben, sehen wir auf der rechten Seite die Schöfferhofstraße. Die Hofbierbrauerei Schöfferhof AG Cassel gab es seit 1874 in der Stadt, doch das Firmengebäude wurde im Krieg komplett zerstört, sodass heute nur noch der Straßenname an die Brauerei erinnert. Diese lag links hinter der Brücke, die wir nun überqueren. Wenn wir von der Brücke herabschauen, können wir unter uns die alten Gleise erkennen, die einst vom Unterstadtbahnhof hierher führten. Man sieht, dass diese schon seit Jahrzehnten nicht mehr genutzt werden, die Natur hat sich die Gleisbette längst zurückerobert. Wenn wir uns auf der Brücke umdrehen, dann sehen wir die stattlichen Gebäude des Jobcenters und des Arbeitsamtes, die sich heute auf dem Gelände des alten Unterstadtbahnhofs befinden. Hinter der Brücke rechts ist die Einfahrt zu den 1882 gegründeten Casseler Waggonfabriken von Wegmann, Harkort & Co, die 1886 in Wegmann & Co umbenannt wurden. Bekannt wurde das Unternehmen in den 1930er-Jahren als Hersteller

Mr. Wilson

Drache

von Reisezugwagen für den Henschel-Wegmann-Zug. Ein dunkles Kapitel der Firmengeschichte begann mit der Herrschaft des Nationalsozialismus, während der die Ausbeutung von Zwangsarbeitern, Kriegsgefangenen und politischen Gefangenen Teil der Unternehmenspolitik wurden. 1999 fusionierte Wegmann & Co. mit der Krauss-Maffei AG zum Rüstungsunternehmen Krauss-Maffei Wegmann.

Wir verlassen die Brücke und gehen weiter entlang der Wolfhager Straße. Noch vor einigen Jahren das Rotlichtviertel der Stadt, ist es mittlerweile eher ruhig geworden. Wir überqueren die Rothenditmolder Straße und sehen an den Wänden bereits die ersten Graffiti, die seit einigen Jahren das Viertel deutlich bunter machen.

Kolor CUBES

Erklärtes Ziel des 2015 gegründeten Graffiti-Projektes KolorCubes ist es, Menschen zusammenzubringen und den städtischen Raum mit großformatigen Wandbildern zu beleben. Was mit drei Wandgestaltungen im Kasseler Kunst- und Kultur-Kiez Schillerviertel begann, entwickelte sich bald zu einem überregional bekannten Projekt, das aus der Kasseler Kunstszene nicht mehr wegzudenken ist. Gemeinsam mit internationalen Künstlern wurden mittlerweile zahlreiche Großwände in Kassel gestaltet, die inzwischen die „Public Art Gallery" bilden und die immer mehr werden. Ein kleiner Bildband zeigt die Vielfalt dieser großformatigen Bilder.

Wir gehen weiter und stehen schließlich vor dem Haus Wolfhager Straße 53, in dem das Künstlerpaar Eckart ein kreatives **Foto-Motel 5** geschaffen hat. Lange Zeit war hier das größte Bordell der Stadt. Elfie und Pitze Eckart haben das Gebäude ersteigert und damit ihr benachbartes Logierhaus „fensterzumhof" um eine einzigartige Spielstätte für Kunst, Fotografie, Kommunikation und Experiment erweitert, eben dem „Foto-Motel". Neben Ausstellungs- und Veranstaltungsräumen sind dort Künstlerateliers entstanden. Das angegliederte Hotel bietet den Gästen individuell gestaltete Zimmer im Vintage-Look und verspricht „unangestrengte Kulturbetten". Da die Nachfrage groß und somit das Hotel zu klein war, wurden noch einige Container erworben, kunstvoll übereinandergestapelt, farblich abwechslungsreich gestaltet und ebenfalls zu kleinen Hotelzimmern ausgebaut.

Container Foto-Motel

Wir biegen rechts ab in die Erzbergstraße und sehen bereits nach wenigen Metern den Eingang zu einer ehemaligen Textilfabrik. Auf der gegenüberliegenden Straßenseite befindet sich ein eindrucksvolles **Mural 6.** Dieses Wandbild wurde 2022 in Kooperation mit Kolorcubes von dem indonesischen Künstlerkollektiv Taring Padi in wenigen Tagen mit Pinsel und Farbe realisiert. Es zeigt drastisch die Situation auf der Erde. Die Bevölkerung auf

Erde – Taring Padi

Bemalte Rohre

dem oberen Teil der Erdkugel versucht friedlich und in Einklang mit der Natur zu leben, während der untere Teil von Industriemaschinen vernichtet wird, die wie mit gierigen Händen nach der verbliebenen Natur greifen und sich rücksichtslos nehmen, was noch geblieben ist. Nichts scheint diese Maschinerie stoppen zu können, das Gift tropft bereits von der Erde. Ein Hoffnungsschimmer bleibt: Ein schützender Baum, unter dem sich Menschen versammeln und der Zerstörung entgegenstellen. Eindrucksvolle Bilder wie dieses gibt es im Schillerviertel viele zu entdecken. Nach Jahren der Tristesse sind viele Bereiche farbig gestaltet wie z. B. alte Rohrelemente, die als **Kunstsäulen 7** auf den Bürgersteigen übereinandergestapelt wurden. Die Kunstsäule an der Ecke zur Schillerstraße lohnt es sich genauer anzuschauen, auf ihr wurde die Strecke markiert, über die die Juden im Zweiten Weltkrieg von ihrem Sammelpunkt in der Schillerstraße zum Hauptbahnhof gebracht und von dort in die Lager deportiert wurden.

Unser Spaziergang führt uns in die Schillerstraße, erneut vorbei an farbenfroh gestalteten Häusern. Bereits nach wenigen Metern auf der linken Seite an der Sickingenstraße sehen wir den Parkplatz neben der Arnold-Bode-Schule. Wir überqueren diesen Parkplatz, denn dort befindet sich etwas zurückversetzt an der Wand zur Schule ein großartiges Porträt des documenta-Künstlers **Joseph Beuys 8**. Auch dieses Bild hat das Schillerviertel KolorCubes zu verdanken.

Wir gehen zurück durch die Sickingenstraße und erblicken rechts auf der Giebelwand eines mehrstöckigen Geschäftshauses das eindrucksvolle Mural „The blindness" aus dem Jahr 2016 von Liqen. Ein detailreiches surrealistisches Szenario, an dem der spanische Künstler Liqen, der für seine gesellschaftskritischen Wandgestaltungen bekannt ist, drei Wochen lang gearbeitet hat. Die schwarz-weiße Fassadenzeichnung, die frei Hand mit Pinsel und Farbe umgesetzt wurde, zeigt merkwürdige Apparaturen, Überwachungsanlagen, Betonkuben und nackte menschliche Körper. Mensch und Maschine bilden eine Zwangsgemeinschaft in einer apokalyptischen Landschaft. Das Bild ist Vision und Mahnmal zugleich. Es zeigt eine Zukunft, in der Terror, mediale Manipu-

Joseph Beuys

lation, technologischer Fortschritt und Digitalisierung herrschen und in der Individualität und Kreativität scheinbar keinen Platz mehr finden.

The blindness

Schließlich geht es weiter zur ehemaligen **Fabrik Chassalla 9** auf der linken Straßenseite. Unvermutet öffnet sich hier ein kleiner Hinterhof mit einem mächtigen Blauregen und sofort glaubt man sich in einer anderen Welt. In den letzten Jahren haben sich hier verschiedene Firmen sowie ein griechisches Restaurant angesiedelt. Es sind Orte wie dieser, die das Schillerviertel zu etwas Besonderem machen. Bei einem Spaziergang wird dem Besucher schnell klar: Hier passiert was, dieses Viertel erfindet und gestaltet sich neu. Dabei sind es sicherlich auch die starken Kontraste, die einen Teil der Faszination ausmachen. Wir gehen weiter und schließlich rechts in die Erzbergerstraße bis zur **ältesten Videothek der Welt 10**, die immerhin schon 1975 von Eckard Baum gegründet worden war. Seit 2017 führen Christoph Langguth und Ralf Stadler zusammen mit dem Randfilm e.V. die Videothek mit einem erweiterten Sortiment sowie echtem Videothekenflair. Der Film-Shop hat fast täglich geöffnet und gilt als Pilgerstätte für Filmfans aus aller Welt. Wir gehen weiter und überqueren die Erzbergerstraße, um dann links bis zur Werner-Hilpert-Straße hinaufzulaufen. In dieser Straße sind zahlreiche Restaurants, Bars und Clubs, obwohl diese Straße leider ihre besten Zeiten bereits hinter sich hat, hier ist der Wandel innerhalb des Viertels noch nicht angekommen.

Alte Fabrik Chasalla

Älteste Videothek der Welt

Kurz vor dem Kulturbahnhof gehen wir am **Hotel Reiss 11** vorbei, in dem in den 1950er- und 1960er-Jahren die Stars und Sternchen der Filmgeschichte ein- und ausgegangen sind. Bereits Mitte des 19. Jahrhunderts war das Haus als „Hotel Kaiserhof" erbaut worden. Nachdem es den Bomben des Zweiten Weltkriegs zum Opfer gefallen war, wurde es von Georg Reiss, der in Kassel viele Kinos besaß, in neuem Stil als Hotel Reiss wieder aufgebaut. In dem leider nicht mehr existierenden 500 qm großen Festsaal wurden nach den Filmpremieren legendäre Bälle und Feste veranstaltet.

5 KIRCHDITMOLD UND WAHLERSHAUSEN

Start/Ziel: Teichstraße (GPS: 51.321538, 9.450064)
Länge: ca. 5 Kilometer
Dauer: ca. 1 Stunde
ÖPNV: Haltestelle Teichstraße, Bus 11, 10, 100, Straßenbahn 8
Parken: Teichstraße

Unterwegs entdeckt:

1 Lindenbornplatz
2 Altes Pfarrhaus
3 Steinerner Gerichtstisch
4 Ehemaliges Gasthaus Fennel
5 Alte Oberförsterei
6 Ältestes Schulhaus Kirchditmolds
7 Zoo Rammelsberg
8 Wahlershausen
9 Hochzeitsweg

Essen + Trinken

Leckeres italienisches Essen erwartet die Gäste im **Ristorante Amici** (Heßbergstraße 1, 34130 Kassel, Tel. 05 61/85 01 43 47, www.amici-kassel.de/).

Das **Brauhaus Zum Rammelsberg** bietet gutbürgerliche Küche in urgemütlichem Ambiente (Rammelsbergstraße 4, 34131 Kassel, Tel. 05 61/31 62 73 0, www.zum-rammelsberg.de).

Hier kommen Erinnerungen an den letzten Griechenlandurlaub auf, denn das **Restaurant Ilyssia** bietet leckere griechische Speisen in schönem Ambiente (Lange Straße 83, 34131 Kassel, Tel. (05 61) 31 17 93, www.ilyssia.de).

Dorfidyll inmitten der Stadt

Das kleine Dorf Kirchditmold wurde bereits 1906 eingemeindet. Es ist ein lebendiger Stadtteil mit langer Geschichte, in dem es viel zu entdecken gibt. Leider wird das alte Dorf heutzutage von der viel befahrenen Zentgrafenstraße sowie der Straßenbahn dominiert. Allerdings finden sich im Gegensatz zu Kassels Innenstadt im hiesigen Ortskern noch viele Fachwerkbauten, die zum Teil aus dem 17. Jahrhundert stammen. Vielleicht fühlt man sich deshalb schnell in längst vergangene Zeiten zurückversetzt.

Von der Haltestelle Teichstraße gehen wir in die gegenüberliegende Mergellstraße und gleich darauf rechts in die Brunnenstraße. Bereits hier empfangen uns die ersten Fachwerkhäuser, zugleich ist es viel leiser. Auf der rechten Seite liegt der **Lindenbornplatz** 1 mit dem Brunnen der Lindenbornquelle und einigen Ziegenbock-Figuren.

Lindenbornplatz

Lindenborn QUELLE

Bis Anfang des 20. Jahrhunderts wurde in der Lindenbornquelle nicht nur Wäsche gewaschen, auch die Pferde wurden hier getränkt. Unglücklicherweise wurde die Quelle bereits 1912 zugeschüttet. In den 1950er-Jahren gab es Bemühungen, die Quelle wieder zugänglich zu machen, doch waren die Versuche leider nicht von Erfolg gekrönt. Um an sie zu erinnern, schuf man hier 1959 einen Brunnen, den nicht nur das Wappentier der Kirchditmolder – der Ziegenbock – sondern auch eine junge Frau zierte,

die einen Krug zum Brunnen trägt. Der Spitzname der Kirchditmolder lautet übrigens: „Zähjenböcke", was nordhessisch ist und nichts anderes als Ziegenböcke heißt. Genau 50 Jahre später stieß man durch einen glücklichen Zufall bei Baumaßnahmen doch noch auf die alte Lindenbornquelle. Jetzt musste nur noch ein Weg gefunden werden, um das Wasser in den neuen Brunnenschacht zu leiten, was dank des Einbaus einer Pumpe tatsächlich gelang. Im Jahr 2012 wurde der Platz neu gestaltet und um einige Ziegenböcke ergänzt, denn die endlich wiedergefundene Quelle sollte mit ihrem Wasser nicht nur den Brunnen speisen, sondern so wie noch Anfang des 20. Jahrhunderts sich über den ganzen Platz ergießen.

Die Brunnenstraße führt uns leicht bergauf. Auf der linken Seite stehen kleine Fachwerkhäuser, doch schon nach wenigen Schritten sehen wir etwas zurückversetzt das wirklich schöne **alte Pfarrhaus 2.** Es wurde bereits 1666 erbaut und sowohl im 19. wie auch im 20. Jahrhundert restauriert. Es ist heute im Besitz der evangelischen Kirchengemeinde und beherbergt neben Wohnungen auch einen Kindergarten. Einst wohnte hier der evangelische Pfarrer des Kirchspiels Weißenstein, zu dem neben Kirchditmold bis etwa 1900 die damals selbstständigen Orte Wehlheiden, Wahlershausen, Rothenditmold, Harleshausen und die Weißensteiner Vorstadt gehörten. Zu dem alten Pfarrhaus gehörten einst noch einige Wirtschaftsgebäude sowie eine große Scheune, die heute nicht mehr existieren.

Altes Pfarrhaus

Nur wenige Meter weiter auf der linken Seite sehen wir den **steinernen Gerichtstisch 3,** neben dem eine Linde gepflanzt wurde und an dem das Gericht des Kirchspiels Weißenstein bis ins 19. Jahrhundert tagte. Die Tatsache, dass in dem ehemaligen Dorf ein solcher Tisch aufgestellt wurde, zeugt von der früheren Bedeutung Kirchditmolds als Ort des Zentgrafengerichts. Unser Weg führt uns nun rechts in die Wahlerhäuser Straße und bereits nach wenigen Schritten sehen wir den Kapellenweg, in dem vor gut 1000 Jahren nicht nur die erste Kirche Kirchditmolds, sondern die erste Kirche im gesamten Kasseler Becken stand. Heute erinnert an diese Tatsache nur noch ein Stein auf der Schwelle der damaligen Kirche. Links sehen wir die schöne Architektur des **ehemaligen Gasthauses Fennel** **4**

Gerichtstisch

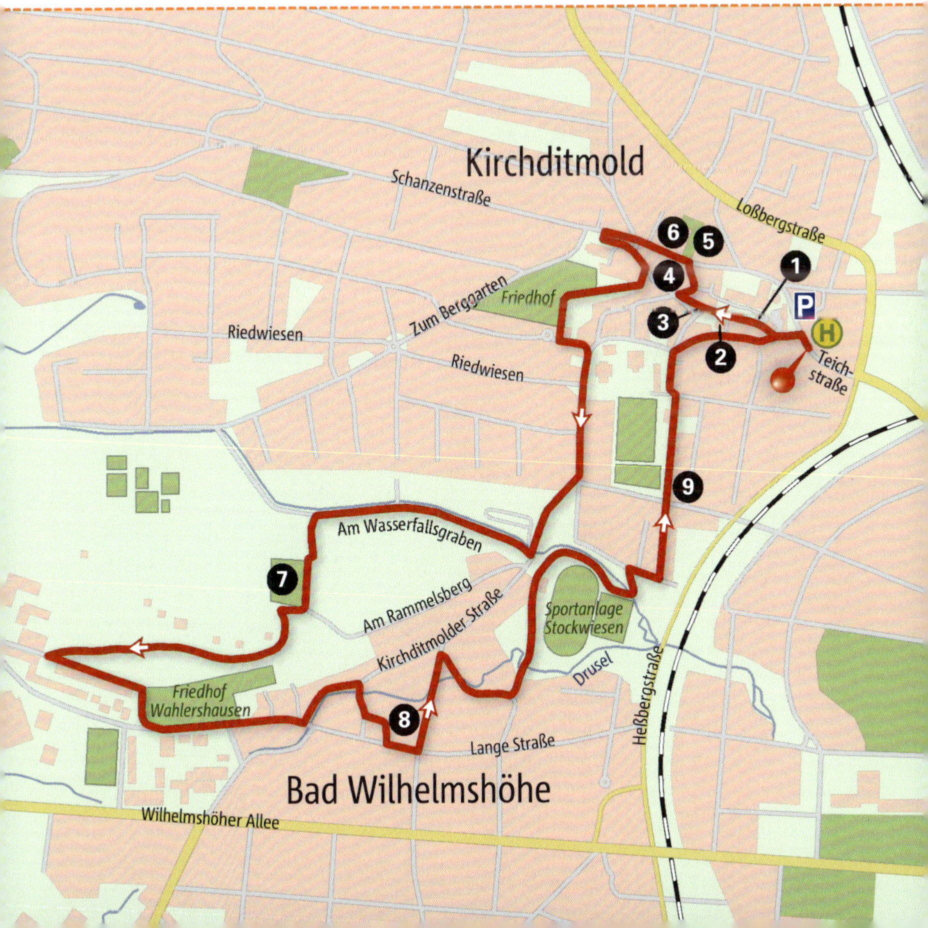

Fachwerk in der Wahlershäuser Straße

ebenfalls hier in der Wahlershäuser Straße. Es handelt sich dabei um ein stattliches Fachwerkhaus, dessen Ursprünge auf das Jahr 1601 zurückgehen. Heute wird das Haus als privates Wohnhaus genutzt. Das Gasthaus Fennel war auch unter dem Namen „Alte Burg" bekannt und diente dem VfL Kassel, zu dem wir später noch kommen werden, als Vereinslokal, bis das neue am Hochzeitsweg erbaut wurde.

Alte Oberförsterei

Wir gehen links bis zur Zentgrafenstraße. Auf der anderen Straßenseite sehen wir das kleine Haus Nr. 156 aus dem Jahr 1689, in dem sich bis 1935 die **Alte Oberförsterei 5** befand. Das geschichtsträchtige Gebäude – im Siebenjährigen Krieg wurden in diesem Haus die Franzosen überfallen, die Kirchditmold besetzt hatten – erstrahlt heute in neuem Glanz, nachdem es von einem Ärzteehepaar erworben und aufwendig saniert wurde. An der vor uns gelegenen Straßenbahnhaltestelle liegt ebenfalls auf der rechten Seite ein großes und aufwendig restauriertes Fachwerkhaus. Es handelt sich dabei um das **älteste Schulhaus Kirchditmolds 6,** das bereits 1745 von Caspar Martius errichtet worden war, der sowohl Schulmeister, Küster und Kantor des Kirchspiels war. Er ließ das Gebäude als Schulhaus errichten, da die Gemeinde selbst keinen Schulraum zur Verfügung stellte, aber die Kinder aus den Dörfern des Kirchspiels hierher zum Unterricht kamen und folglich dringend einen Unterrichtsraum benötigten.

Ältestes Schulhaus Kirchditmolds

Wir überqueren die Riedelstraße und gehen an der Gaststätte vorbei, um zum früheren Schulhaus in der Schanzenstraße 2 zu gelangen, in dem bis 1837 der Schulunterricht stattfand. Schließlich wurde das Gebäude 1910 an die Kirche verkauft, heute befindet es sich in Privatbesitz.

Kirche Kirchditmold

Kirche KIRCHDITMOLD

An der Schanzenstraße auf einer kleinen Erhebung und genau gegenüber der ehemaligen Schule thront erhaben die Kirche Kirchditmold. Dank ihrer exponierten Lage ist sie schon von Weitem sichtbar. Nachdem 1780 der Turm der alten Kirche eingestürzt war und dabei auch das Kirchschiff beschädigt hatte, sollte sie ursprünglich eigentlich wieder rekonstruiert werden. Diese Pläne wurden jedoch aufgegeben, nachdem der hugenottische

Oberhofbaumeister und Architekt Simon Louis du Ry zu der Einschätzung gekommen war, dass die Kirche nicht zu retten sei. So wurde er von Landgraf Friedrich II. mit einem Neubau in frühklassizistischem Stil beauftragt und die Kirche schließlich im Juni 1792 geweiht. Da die Kosten des Baus deutlich höher ausfielen als ursprünglich gedacht, mussten vor allem beim Turmbau Abstriche gemacht werden. Es konnten daher nicht alle geplanten Geschosse des Kirchturms realisiert werden, weshalb auf ein Geschoss verzichtet wurde, wie man noch heute an den Schallluken im mittleren Geschoss sehen kann. Anstelle der geplanten vier Zifferblätter für die Turmuhr wurden ebenfalls nur zwei realisiert. Nach einem Brand im Jahr 1910 wurde der Turm auf die ursprünglich angedachte Höhe gebracht und die Turmuhr zudem mit vier Zifferblättern ausgestattet.

Blick über die Kapelle des Friedhofs

Wir gehen ein kleines Stück zurück in die Weimersgasse. Wir nutzen die erste Möglichkeit, um nach rechts zu gehen und nutzen dabei die Treppe. Auf dem ersten Absatz gehen wir wiederum nach rechts und folgen einem kleinen unbefestigten Fußweg, der uns unterhalb der Kirche und links am Friedhof Kirchditmold vorbeiführt. Dieser Fußweg endet in der verkehrsberuhigten Weimersgasse, in deren oberen Verlauf wir bereits die Stufen genutzt haben und in die wir nun links abbiegen. Am Ende der Straße gehen wir rechts in die Wahlershäuser Straße und folgen ihr bis zu einer großen Wiese. Unser Weg führt uns rechts an dieser Wiese vorbei und schließlich weiter rechts in die Straße „Am Wasserfallsgraben". Es ist ein idyllischer Weg, auf dem uns links ein kleiner Wasserlauf, der „Wasserfallsgraben", begleitet. Unter dem Motto „Baumstark für Hessen", wurden hier 2019 entlang des Weges zehn Bäume gepflanzt, die von der Firma Hassia

Kleintierzoo Rammelsberg

der Stadt Kassel geschenkt worden waren. Außer einer hängenden Weide und acht Ulmen wurde ein Bienenbaum, der auch als Honigesche oder Tausendblütenstrauch bekannt ist, gepflanzt. Es ist allgemein bekannt, wie wichtig Bäume für die Luftqualität sind, denn sie bieten nicht nur Schatten, sondern wirken auch dem Temperaturanstieg entgegen. Zudem sind sie ein wichtiger Lebensraum und eine Nahrungsquelle für viele Tiere. Aufgrund des europaweiten Ulmensterbens Anfang 2000, waren diese auch hier in Kassel aus dem Stadtbild nahezu verschwunden. Bei der hier gepflanzten Art Ulmus „Sapporo Autumn Gold" handelt es sich um eine Ulmenart, die widerstandsfähig gegen Schädlinge ist, schnell wächst und eine breite, schattenspendende Krone bildet.

Nach ca. 300 Metern, die wir in dieser kleinen Straße entgegen der Fließrichtung laufen, sehen wir auf der linken Seite ein Hinweisschild „Zoo", dem wir folgen. Der kleine Weg, der von wildem Wein eingefasst ist, führt uns leicht bergauf zum **Zoo Rammelsberg 7.** Dieser kleine Privatzoo in Wahlershausen auf dem Rammelsberg ist ein Paradies besonders für Familien mit Kindern. Neben den typischen Haustieren werden hier auch verschiedene exotische Tiere wie Alpakas, Papageien, Flamingos, Leguane, Waschbären, Luchse, Schlangen und Weißbüscheläffchen artgerecht gehalten. Der Eintritt ist frei, der Zoo finanziert sich ausschließlich über Spenden der Besucher sowie den Einnahmen des Getränke- und Eisverkaufs.

Gegenüber dem Eingang führt ein kleiner Weg nach oben auf eine große Wiese. Von ihr hat man einen großartigen Blick auf Kassel, mehrere Bänke laden zum Verweilen ein.

Verborgener Ort in der Weißensteinstraße

Von Kirchditmold nach Wahlershausen

Wir gehen an den Bänken vorbei nach rechts an einer verwunschenen Villa vorbei. Die Weißensteinstraße wird hier zu einem kleinen Waldweg, der ausschließlich von den Anwohnern befahren werden darf. Zwischen den wundervoll ruhig gelegenen Häusern bietet sich wieder eine spektakuläre Aussicht auf die Stadt. Am Ende des Waldweges gelangen wir erneut zu einer Wiese mit einer kleinen Anhöhe, die wir erklimmen, um einen weiteren fantastischen Blick auf Kassel und den Bergpark Wilhelmshöhe zu genießen.

Die Weißensteinstraße führt uns nun nach unten und kurz hinter dem mächtigen Gebäude des Bundesverbandes der landwirtschaftlichen Berufsgenossenschaften biegen wir an der kleinen Kreuzung links ab und gehen wieder vorbei an weiteren attraktiven Häusern, die allerdings teilweise von einem mächtigen Häuserblock verdeckt werden. Am Ende der Straße stoßen wir auf den Friedhof Wahlershausen, vor dem uns ein kleiner Fußweg über Stufen hinunter zur Rammelsbergstraße führt. Wir bummeln links durch diese Straße, vorbei an einigen Fachwerkhäusern bis zum Brauhaus „Rammelsberg" und gehen dann links in die Bachstraße. Wir folgen dem Wasser der Drusel, das uns durch das uralte **Dorf Wahlershausen 8** führt, das bereits 1123 erstmals urkundlich erwähnt wurde. Heute gehört Wahlershausen zu Bad Wilhelmshöhe. Bereits 1903 erhielt Wahlershausen mit der Christuskirche ein eigenes Gotteshaus sowie ein eigenes Schulgebäude. Als Wahlershausen im Jahr 1905 eingemeindet wurde, lebten hier 3711 Menschen. Wir begleiten das Wasser der Drusel entlang der „Bachstraße", die hier rechts in einem etwas tiefer gelegenen Bett plätschert, bevor wir rechts in der Kirchditmolder Straße abbiegen, um dann weiter durch die kleine Straße „Alt Wahlershausen" bis zur „Langen Straße" zu laufen. Erneut führt uns dieser Weg an kleinen, liebevoll restaurierten Fachwerkhäusern vorbei. Wahlershausen strahlt genau wie Kirchditmold an einigen Stellen ein Dorfidyll aus, das uns kurzzeitig in eine andere Welt zu versetzen vermag. Es sind Orte wie diese, die uns erleben lassen, wie die Residenzstadt Kassel früher einmal aussah, bevor sie im Bombenhagel 1943 fast gänzlich zerstört wurde.

Wir gehen links in die Kunoldstraße und bummeln bis zum „Wasserweg", in den wir rechts abbiegen. Hier begleitet uns linker Hand erneut die Drusel, der wir folgen, um über eine Brücke zu gehen und schließlich auf dem Pfad „Stockwiesen" weiterzulaufen, der uns vorbei an einigen Pferdeweiden zum Vereinshaus der TSG Wilhelmshöhe führt. Wir lassen den

Haus in Wahlershausen

Hochzeitsweg

Killefit und Schnack

Sportplatz und das Vereinshaus rechts liegen und folgen direkt hinter dem Sportplatz einem kleinen Trampelpfad, der an einem asphaltierten Weg endet. Vor uns liegt eine Wiese, auf der Hühner gehalten werden. Der Weg führt links etwas bergauf bis zur Mittelbinge, auf der wir wiederum rechts gehen und wenige Meter an den Häusern entlanglaufen, bis wir links auf den **Hochzeitsweg** **9** stoßen. Der Name kommt nicht von ungefähr, brachte dieser Weg doch die Kirchgänger und natürlich auch die Brautpaare von Wahlershausen zur Kirche Kirchditmold. Der Hochzeitsweg führt uns bis zur Hessenallee, die wir überqueren, um dann weiter bis zur Mergellstraße zu laufen. Das letzte Stück führt uns an einem Sportplatz vorbei über den Gala-Metzner-Platz. Karl-Heinz Metzner war ein deutscher Fußballspieler, der auch für die Fußballnationalmannschaft spielte und zum Kader der Weltmeistermannschaft 1954 gehörte. Zu seinen Ehren wurde hier am Sportplatz ein kleiner Platz nach ihm benannt, denn er spielte als Schüler beim Tuspo 86/09, der seit 1947 VfL Kassel heißt. Leider ist der nach ihm benannte Platz eher lieblos gestaltet, und so überqueren wir ihn lediglich, um erneut zur Mergellstraße zu gelangen. Wir gehen rechts, sehen von unten auf der linken Seite nochmals das imposante Pfarrhaus, bevor wir nach ca. 200 Metern an unserem Ausgangspunkt, der Teichstraße, ankommen.

6 DIE INNENSTADT

Start: Rathaus Kassel (GPS: 51.312577, 9.493293)
Ziel: Kulturbahnhof (GPS: 51.318198, 9.489479)
Länge: ca. 4 Kilometer
Dauer: ca. 4 Stunden
ÖPNV: Haltestelle Rathaus, Straßenbahn 1, 3, 4, 5, 6, 8, RegioTram 1, 4
Rückkehr zum Ausgangspunkt: Über die Treppenstraße rechts zu Haltestelle Friedrichsplatz, Straßenbahn 1, 3, 4, 5, 6, 8, RegioTram 1, 4 bis Rathaus
Parken: Parkhaus Fünffensterstraße, Garde-du-Corps-Straße oder Friedrichsplatz

Unterwegs entdeckt:

1 Neue Galerie
2 Granitblock
3 Idee di Pietra
4 Spitzhacke
5 Raumskulptur
6 Landschaft im Dia
7 Mann im Turm
8 Fridericianum & Zwehrenturm
9 Vertikaler Erdkilometer
10 Die Fremden
11 Das Fremdlinge & Flüchtlinge Monument
12 Mural
13 Himmelsstürmer
14 Gleis 1

Essen + Trinken:

Am Rosenhang gibt es das **Bolero,** das eine große Karte hat, auf der wirklich jeder etwas finden kann – und leckere Cocktails gibt es noch dazu (Schöne Aussicht 1 a, 34117 Kassel, Tel. (05 61) 70 15 97 50, www.kassel.bolerobar.de).

Sehr lecker isst man auch im **Stadtcafé Kassel,** (Obere Königsstraße 41, 34117 Kassel, Tel. 05 61/9 37 22 15).

Kunst in Kassel

1955 wurde für den Kasseler Kunstprofessor Arnold Bode ein Traum wahr, als er für die Bundesgartenschau in Kassel eine Kunstausstellung als Rahmenprogramm realisieren konnte. Sein Fokus lag vor allem auf der Rehabilitation der zur Zeit des Nationalsozialismus als entartet diffamierten Künstler sowie der Wiedereingliederung Deutschlands in die Reihe der Kulturnationen. Aus dieser Idee ist mit der documenta eine der weltweit größten Kunstausstellungen für moderne und zeitgenössische Kunst geworden, sie findet mittlerweile alle fünf Jahre in Kassel statt.

Über all die Jahre hinweg hat die documenta ihre Spuren in der Stadt hinterlassen, so gibt es zahlreiche Werke im Stadtbereich zu entdecken. Ausgangspunkt unseres Spaziergangs ist ein mehr als ungewöhnlicher Brunnen am Rathaus.

Aschrott BRUNNEN

Der Brunnen liegt hinter dem Zeitungskiosk und ist wahrlich ungewöhnlich. Zu sehen sind Mauerreste, Gitter, Wasserrinnen. Ursprünglich stand hier ein imposanter Brunnen, der 1908 für den Vorhof des neuen Rathauses von dem jüdischen Industriellen Sigmund Aschrott gestiftet worden war. Ein Brunnen mit einer reich verzierten Sandsteinpyramide, die 12 Meter hoch in den Himmel ragte. In der Zeit des Nationalsozialismus wurde der Brunnen als „Judenbrunnen" diffamiert und 1939 von Bürgern zerschlagen. Die um den heutigen Brunnen drapierten Mauerreste erinnern an das, was einmal war. Nach vielen Jahren des Nachdenkens und der Debatten über die Zukunft des Brunnens wurde 1987 der Entwurf des Künstlers Horst Hoheisel schließlich realisiert. Auch wenn die Arbeit während der documenta 8 entstand, war sie kein offizieller Beitrag. Erst 2012 integrierte die damalige Kuratorin Carolyn Christov-Bakargiev den Brunnen in ihr Gesamtkonzept. Bei dem von Hoheisel ausgeführten Entwurf

handelt es sich um eine in die Erde eingelassene Negativform des ursprünglichen Brunnens. Dafür wurde eine Betonnachbildung des ehemaligen Brunnens gegossen und kopfüber in den Boden versenkt. Der Grundriss des alten Beckens von einem umlaufenden Wasserkanal wurde wieder aufgenommen und das Wasser über sechs Rinnen in die Mitte des Brunnens geführt, bevor es in dem trichterförmigen Abdruck der Pyramide 12 Meter in die Tiefe stürzt. Ein Spektakel, das die Besucher unter begehbaren Metallgittern direkt miterleben sollen, denn Hoheisel ist der Ansicht, „das eigentliche Denkmal sei der Passant, der auf dem Brunnen steht und darüber nachdenkt, weshalb hier etwas verlorenging".

Blick auf die Neue Galerie

Wir verlassen die Fußgängerzone, gehen links an der Fassade des Rathauses sowie an der viel befahrenen Fünffensterstraße entlang, bis wir auf Höhe des Kinos eine der letzten Unterführungen Kassels erreichen. Diese Unterführungen waren Teil des Konzeptes einer autofreundlichen Stadt, wie es in den 1950er-Jahren entwickelt wurde. Heute kaum zu glauben, doch damals genossen die Autos absolute Priorität, die Fußgänger wurden unter die Erde verbannt! Wir nutzen diese Unterführung, um auf der anderen Straßenseite zur **Neuen Galerie** 1 zu gelangen. Das Haus zeigt vor allem moderne Gemälde, Skulpturen und neue Medien von 1800 bis zur Gegenwart. Der Fokus liegt auf der Malerei des 19. Jahrhunderts, Bildern und Objekten der Jahre von 1950 bis 1980 sowie auf Kunstwerken der vergangenen documenta-Ausstellungen. Herzstück des Hauses ist der von Joseph Beuys eingerichtete Raum im Erdgeschoss mit der Installation „The pack" aus dem Jahre 1969, die aus vier Vitrinen, 29 Zeichnungen und sieben plastischen Bildern besteht. Im Obergeschoss ist die Dauerausstellung „about: documenta" zu sehen, die die Geschichte dieser Weltkunstschau anhand von

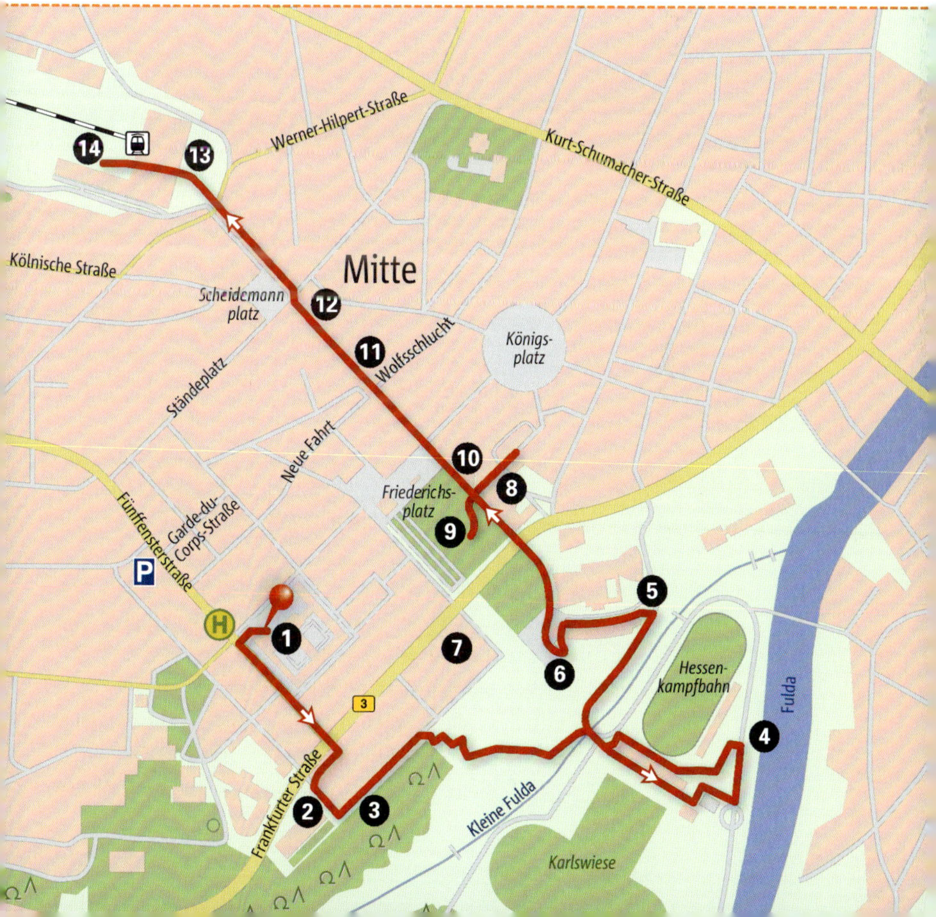

Granitblock

Idee di Pietra

documenta-Kunstwerken und dokumentarischem und filmischem Material anschaulich vermittelt.

Wir verlassen das Gebäude und erblicken vor uns das Palais Bellevue, einen Palast, in dem einst Jérôme Bonaparte lebte, nachdem das Stadtschloss abgebrannt war, und in dem nun das Literaturhaus Nordhessen und das Spohrmuseum zu finden sind. Rechts neben der Neuen Galerie steht der **Granitblock 2** von Ulrich Rückriem, der anlässlich der documenta 7 aufgestellt wurde. Der Werktitel: „Ein Granitblock in 3 Teile gespalten, der mittlere Teil in 4 Teile geschnitten, alle Teile zur ursprünglichen Blockform zusammengefügt, der untere Teil als Fundament in die Erde eingelassen", legt die Arbeitsschritte dar und erklärt gleichzeitig die besondere Form des Kunstwerks.

Nach einem Blick auf den weißen Frühstückstempel aus dem 19. Jahrhundert, der hinter dem Granitblock zu sehen ist, folgen wir der „Schönen Aussicht" in entgegengesetzter Richtung. Rechts befindet sich die Karlsaue. Nach kurzer Zeit erreichen wir eine Mauer. Eine Treppe führt am Mahnmal für die gefallenen Soldaten der Weltkriege hinunter zu einer großen Wiese und der Arbeit von Giuseppe Penone, **„Idee di Pietra" 3.** Auf den ersten Blick sehen wir einen Baum mit einem Stein in der Krone, doch diese Arbeit gilt es unbedingt zu berühren, denn es handelt sich um den Bronzeabguss eines Haselnussbaums, der in der Krone einen großen Granitfindling trägt. Der Arte-Povera-Künstler Giuseppe Penone, dessen zentrales Motiv der Baum ist, zeigt mit dieser Bronze-Stein-Kombination das

Verhältnis von Malerei und Plastik in Abhängigkeit von den sie umgebenden Naturkräften.

Wir überqueren die Wiese und gehen dann rechts über die Brücke am Marmorbad vorbei zur Orangerie. Ein Blick durch die Fenster des Marmorbads ist ein Muss, denn es ist das letzte in dieser Form erhaltene europäische Prunkbad. Sehenswert ist aber auch die Orangerie aus dem 18. Jahrhundert. Ursprünglich als Gewächshaus konzipiert, wurde es von Landgraf Carl für seine Gattin Maria Amalia als Sommerresidenz umgestaltet. Im mittleren Teil befindet sich heute das Museum für Astronomie und Technikgeschichte mit Planetarium. Den Blick zurück über die Karlsaue, das Bowling Green, die barocke Achse sowie die beiden Wassergräben gilt es nicht zu verpassen.

Schließlich laufen wir zum Ufer der Fulda, überqueren die Straße und gehen nach links zur 12 Meter hohen und 5 Tonnen schweren **Spitzhacke 4.** Die Arbeit stammt von dem amerikanischen Pop-Art-Künstler Claes Oldenburg aus dem Jahre 1982. Oldenburg war bekannt dafür, Dinge des alltäglichen Lebens überdimensional und mit anderen Materialien darzustellen. Der Künstler soll während der Vorbereitungen zur documenta 7 an einer Baustelle eine solche Spitzhacke entdeckt haben, was ihn zu dieser Arbeit inspirierte. Wir

Spitzhacke

Raumskulptur

schlendern nun an der Rückseite der Orangerie vorbei und folgen der Straße „Auedamm" in Richtung Innenstadt bis zu der **Raumskulptur 5** von Per Kirkeby, die an der Ecke zur „Du Ry Straße" steht. Diese 9 Meter hohe, 11 Meter lange und 4 Meter breite Arbeit aus rotem Backstein lässt beim Durchschreiten jegliches Gefühl für innen und außen vermissen, da die Arbeit völlig offen gestaltet wurde. Eine Tafel am Fuße der Installation zeigt, dass an ihrer Realisierung Auszubildende der Lehrbaustelle Kassel beteiligt waren.

Nach dem Durchschreiten der Raumskulptur laufen wir an der der Karlsaue zugewandten Längsseite der documenta Halle bis zum Friedrichsplatz. Mit dieser Halle bekam die documenta 1992 ein eigenes Ausstellungsgebäude. An der Stirnseite der Halle angekommen, sehen wir linker Hand etwas zurückversetzt die nächste Arbeit: **„Landschaft im Dia" 6** von dem Künstlerkollektiv Haus Rucker und Co. Wir nähern uns der Installation und sehen einen großen und ei-

Landschaft im Dia

nen kleinen Rahmen sowie links einen Steg. Sobald der Besucher den Steg betritt und dem kleinen Rahmen entgegengeht, findet er sich selbst im Bild wieder. Beim Blick auf die Orangerie wiederholt sich das Rahmungserlebnis. Gleichzeitig öffnet sich in Gegenrichtung ein Bild zur Innenstadt.

Mann im Turm

Wir gehen zurück zum Friedrichsplatz und sehen links oben im Kirchenturm von St. Elisabeth eine Figur auf einer goldenen Kugel, die vom Wind gedreht wird. Obgleich man in Kassel geneigt ist, alles, was Kunst ist, der documenta zuzuschreiben, so trifft das in diesem Fall nicht zu. Bei dem **Mann im Turm 7** handelt es sich um eine Arbeit von Stephan Balkenhol, der 2012 im Nachgang einer Ausstellung in besagter Kirche seinen Mann im Turm der St.-Elisabeth-Gemeinde geschenkt hat. Nachdem wir am Staatstheater vorbeigegangen sind, sehen wir rechts etwas zurückversetzt das Ottoneum. Im 17. Jahrhundert das erste feststehende Theatergebäude auf dem Kontinent, beherbergt es heute das Naturkundemuseum. Ein Besuch lohnt sich, weil man im Eingangsbereich seines Treppenhauses nicht nur den Bohrkopf, sondern auch die Erdschichten kennenlernen kann, die bei der berühmten 1000 Meter tiefen Bohrung des „Vertikalen Erdkilometers" durchstoßen wurden – doch dazu später mehr.

Zwehrenturm

Wir überqueren an der Ampel den Steinweg und sehen auf der anderen Straßenseite bereits das **Museum Fridericianum** sowie rechts daneben den **Zwehrenturm 8.** Horst Baumann nutzte diesen Turm 1977, um mit dem Kunstwerk „Laserscape Kassel" das erste permanente Laser-Licht-Kunstwerk der Welt zu installieren. Im Obergeschoss des Zwehrenturms wurden die technischen Voraussetzungen für drei Laserstrahlen in rot und grün geschaffen. Diese Laser bilden ein Dreieck, durch das das Museum Fridericianum nach Süden mit der Orangerie und der Insel Siebenbergen sowie nach Westen mit dem Herkules verbunden wurde. Die Strahlenverläufe verbinden markante Punkte der Stadtgeschichte Kassels und

7000 Eichen

markieren damit wesentliche Sicht- und Planungsachsen seiner Bebauungsstruktur. Auf Initiative des documenta forums wurden 2007 die Laser mittels Spenden technisch erneuert und neu ausgerichtet.

Das Fridericianum wurde im 18. Jahrhundert als eines der ersten öffentlich zugänglichen Museumsgebäude erbaut. Auftraggeber war Landgraf Friedrich II., den man als Denkmal gegenüber dem Eingang bewundern kann. Bereits seit 1955 ist das Fridericianum zentraler Ausstellungsort der documenta, gleichzeitig Sitz der documenta und Museum Fridericianum gGmbH. Direkt vor dem Haupteingang stehen auf der Wiese zwei Bäume und daneben je ein Basaltblock.

„7000 Eichen“ oder vielmehr „Stadtverwaldung STATT STADTVERWALTUNG“

Kassel hatte im Zweiten Weltkrieg nicht nur den architektonischen Charakter einer Residenzstadt, sondern auch viel Grün verloren. Nachdem Kassel in den 1950er-Jahren als autofreundliche Stadt mit viel Asphalt und breiten Straßen wieder aufgebaut wurde, kam dank Joseph Beuys das Grün in die Stadt zurück, viele Straßen wurden sichtbar aufgewertet, denn von 1982 bis 1987 wurden die 7000 Bäume im Kasseler Stadtgebiet gepflanzt und die Basaltstelen daneben aufgerichtet. Diese Stelen sollen laut Beuys den Zeitpunkt markieren, von dem an die Menschen begonnen haben, ihr Leben auf die Umgestaltung des gesellschaftlichen Organismus auszurichten. Es wurden allerdings nicht, wie ursprünglich angedacht, 7000 Eichen gepflanzt, sondern verschiedene Baumarten, je nach Standort. Anlässlich der Eröffnung der documenta 7 im Jahr 1982 hatte Joseph Beuys den ersten Baum hier vor dem Museum Fridericianum auf dem Friedrichsplatz pflanzen lassen und es war sein Wunsch, auch den letzten Baum direkt daneben zu setzen. Geplant war, diese letzte Pflanzung anlässlich der Eröffnung der documenta 8 im Jahre 1987 vorzunehmen, doch der letzte Baum wurde von seinem Sohn gepflanzt, da Beuys 1986 verstorben war.

Thomas Schütte – Die Fremden

Wir gehen an den beiden Bäumen vorbei in Richtung des Denkmals von Landgraf Friedrich II. An der Weggabelung befindet sich eine Steinplatte und in deren Mitte ein 5 Zentimeter großer Messingpunkt, der **„Vertikale Erdkilometer"** **9** von Walter de Maria aus dem Jahre 1977. Mittels einer großen Bohranlage wurde ein Messingstab einen Kilometer tief in die Erde getrieben. Noch heute führt der Metallstab auf den Erdmittelpunkt zu. Diese Arbeit gibt Anlass, über die Erde, ihre Stellung im Universum und über unser Tun auf diesem Planeten nachzudenken. Zugleich kann darin ein symbolischer Akt der Rückgabe des hochwertigen Metalls an die ausgebeutete Erde gesehen werden.

Wir machen einen kleinen Abstecher zum documenta archiv, das sich in der Straße zwischen dem Säulenportal und dem Museum Fridericianum befindet. Die Idee zu einem solchen Archiv hatte Arnold Bode bereits 1961. Hier erfährt man alles Wissenswerte, sämtliche Daten und Fakten zu den einzelnen documenta-Ausstellungen und natürlich auch, welche Künstler jeweils beteiligt waren. Das documenta archiv beherbergt zudem eine der bedeutendsten deutschen Spezialbibliotheken zur Kunst des 20. und 21. Jahrhunderts. Ein stetig wachsendes Medienarchiv ergänzt den vielfältigen Sammlungsbestand, der auch die Nachlässe von Arnold Bode und Harry Kramer umfasst. 2006 erhielt das documenta archiv einen 11 Meter langen documenta-Tisch, der im Rahmen der Bewerbung zur Kulturhauptstadt 2003 bundesweit im documenta-Mobil auf Tour geschickt und hier nun seinen festen Platz gefunden hat.

Zurück auf dem Friedrichsplatz schauen wir rechts hinauf zu der Figurengruppe auf dem Portikus des ehemaligen Roten Palais. Diese Arbeit von Thomas Schütte trägt den Namen **„Die Fremden" 10.** Zu sehen sind einige Figuren, um die Gepäckstücke, Kisten und Säcke gestellt sind. Bereits 1992 thematisierte Thomas Schütte mit dieser Arbeit die menschliche Tragödie der Flucht vor Gewalt und Armut. Dargestellt sind Menschen unterschiedlicher Herkunft, die für all jene stehen, die ihre Heimat verlassen und in der Fremde ein neues Zuhause suchen. Zur Flucht gezwungen geben sie fast alles auf. Bis sie in der neuen Heimat angekommen sind, neue Freunde, ein Zuhause, Arbeit gefunden haben, vergeht meist eine lange Zeit, in der sie in einem Zustand der Entwurzelung, sozusagen zwischen Himmel und Erde, ausharren müssen.

Wir gehen weiter Richtung Treppenstraße, der ersten Fußgängerzone Deutschlands aus dem Jahre 1953, überqueren die Obere Königsstraße und sehen schon von Weitem den Obelisken aus dem Jahr 2017 von dem nigerianisch-amerikanischen Künstler Olu Oguibe. Der imposante Obelisk mit einer Höhe von 16,20 Metern trägt den Titel **„Das Fremdlinge und Flüchtlinge Monument" 11.** Auf den vier Seiten des Obelisken liest man in den vier in Kassel am häufigsten gesprochenen Sprachen Deutsch, Arabisch, Englisch und Türkisch das Zitat aus dem Matthäus-Evangelium: „Ich war ein Fremdling und ihr habt mich beherbergt."

Die documenta hat überall in der Stadt ihre Spuren hinterlassen

Vorbei am Obelisken spazieren wir über die Treppenstraße zum Kulturbahnhof. Am Ständeplatz drehen wir uns nochmal um, da es auf einer Hauswand auf der linken Seite ein **Mural 12** zu entdecken gilt, das anlässlich der documenta fifteen von KolorCubes und dem Künstlerkollektiv Britto Arts Trust aus Dhaka, Bangladesch, geschaffen wurde. Die Schöpfer dieses Werkes entschieden sich, das Zusammenprallen unterschiedlicher Kulturkreise zu visualisieren, indem sie Persönlichkeiten des jeweiligen Landes darstellen. KolorCubes wählte den Musiker Torch, der ganz links zu sehen ist

Mural Treppenstraße

sowie den Schauspieler und Komiker Heinz Erhardt. Er ist der zweite von links auf diesem Mural. Torch ist eine bedeutende Persönlichkeit der deutschen Hip-Hop-Kultur, Heinz Erhardt wiederum drehte in den 1950er-Jahren in Kassel Filme wie „Der letzte Fußgänger", der sogar teilweise hier in der Treppenstraße gedreht wurde. Britto Art Trust entschied sich für den rechts dargestellten Schauspieler Abu Taher Mohammad Shamsuzzaman sowie links daneben den Singer-Songwriter Azam Khan und darunter die Schauspielerin Afroza Sultana Ratna aka Shabana. Die Schauspielerin ist als Buraq dargestellt, ein Reittier mit Flügeln und Menschenantlitz.

Himmelsstürmer

Wir gehen weiter zum Kulturbahnhof und sehen bereits von Weitem den **Himmelsstürmer** **13** von Jonathan Borofsky aus dem Jahr 1992. Die Kasseler hatten sich spontan in das Kunstwerk verliebt und so konnte dank einer Bürgerinitiative diese Arbeit für Kassel angekauft werden. Unsere letzte Station ist das alte **Gleis 1** **14** im Kulturbahnhof. Hier wuchern Pflanzen zwischen den Gleisen, denn zur documenta 10 pflanzte der Österreicher Lois Weinberger im Gleisbett heimische und eingeschleppte Pflanzen, um zu zeigen, wie die Natur altes Terrain zurückerobert. Am Gleis 1 geschieht dies auf rund 100 Metern bis heute. Er nannte seine Arbeit: „Das über Pflanzen / ist eins mit ihnen".

Gleis 1

7 NORDSTADT

Start: Haltestelle Holländischer Platz (GPS: 51.320667, 9.502072)
Ziel: Haltestelle Halitplatz (GPS: 51.326939, 9.500054)
Länge: ca. 3 Kilometer
Dauer: ca. 1 Stunde
ÖPNV: Haltestelle Holländischer Platz oder Halitplatz, Bus 100, Straßenbahn 1, 5, RegioTram 1, 4
Parken: Henschelstraße oder Gottschalkstraße mit ihren Seitenstraßen

Unterwegs entdeckt:

1 K10
2 K13
3 Gießhaus
4 Die Rampe
5 Schlachthof
6 Henner Piffendeckel
7 Hauptfriedhof
8 Ludwig Emil & Carl Friedrich Grimm
9 Louis Spohr
10 Gottlob Ungewitter
11 Familiengrab Henschel
12 Wilhelm Hentze
13 Gertrude Fürstin von Hanau

Essen + Trinken:

Gut einkehren kann man in der **Zentralmensa der Universität Kassel** (Arnold-Bode-Straße 4, 34125 Kassel).

Das Café **Nordpol** begeistert mit leckeren Kreationen (Gottschalkstraße 12, 34125 Kassel, Tel. 05 61/8 55 22, www.cafe-nordpol.de).

Leckere hausgemachte Kost und einen täglich wechselnden Mittagstisch gibt es im **Café Hurricane** (Gottschalkstraße 38, 34127 Kassel, Tel. 05 61/89 80 72, www.hurricane-cafe.de).

Kassels unterschätzter Norden

In Kassel heißt der Holländische Platz einfach nur Hopla. Hier befindet sich die Universität Kassel, die nördlichste Universität Hessens, die mit dem Wintersemester 1970/71 den Studienbetrieb aufgenommen hat. Es ist eine Stadt in der Stadt, die sich auf dem interessanten alten Industriegelände der Firma Henschel ausgebreitet hat.

Am bequemsten kommt man mit der Straßenbahn aus der Innenstadt hierher. Nachdem wir ausgestiegen sind, tauchen wir in den „Raum für Urbane Experimente", die Straßenunterführung, ab. Sie beherbergt mehrere großflächige, immer wieder neu gestaltete Wandbilder, denn hier darf ganz legal und offiziell gesprayt werden. Eine andere dieser Flächen befindet sich an der Ahna in Höhe des Nordstadtparkes, den wir später besuchen. Was die legalen Sprayer-Flächen angeht, so gehört Kassel zu den TOP 5 in Deutschland. Wenn wir aus dem Untergrund auftauchen, stehen wir unmittelbar an der Henschelstraße am Uni-Gelände. Mehr als 24.000 Studierende können in Kassel bis auf Jura und Tiermedizin so ziemlich alles studieren.

Weg durch die Uni Kassel

Henschel-WERKE

Nachdem bereits 1810 die Gießerei Henschel und Sohn gegründet worden war, entstand am Holländischen Platz ab 1837 ein neuer Werksbereich, der sich auf die Produktion von Lokomotiven konzentrierte. Der Aufstieg der Kasseler Henschelwerke ist ein wichtiger Teil der erfolgreichen Geschichte der Industrialisierung in Deutschland. Für Kassel waren die Henschelwerke das, was für Essen Krupp war. Die Firma war wie zahlreiche andere deutsche Industrieunternehmen nicht nur in beiden Weltkriegen

massiv an der Rüstungsproduktion beteiligt. Tausende von Zwangsarbeitern arbeiteten in den Kriegsjahren in den verschiedenen Produktionsstätten. Anlässlich des 200-jährigen Firmenjubiläums wurde auch an diesen dunklen Teil der Firmengeschichte erinnert. Die Universität Kassel hat zu dieser Thematik in Kooperation mit dem AStA (Allgemeiner Studierendenausschuss) einen „Weg der Erinnerung" geschaffen, den wir nun teilweise beschreiten werden.

Sophie-Henschel-Haus

Gießhaus

Der Weg beginnt vor dem **Gebäude K10** 1, wobei K für den Henschel-Standort Kassel steht. Hier vor dem Hörsaal 1 ist eine Scheibe in das Pflaster eingelassen, der Nachbau einer Drehscheibe, wie sie früher zum Rangieren der Lokomotiven diente. Wir gehen rechts den kleinen Weg entlang, überqueren die Ahna und gelangen zum K13, dem Sophie-Henschel-Haus. Sophie Henschel leitete die Firma nach dem Tod ihres Mannes Oscar und war vor allem für ihre soziale Fürsorge bekannt. Hier, wo heute das **K13** 2 steht, befand sich früher das Wohnhaus der Familie, das mit einer Werkstatt verbunden war, in der sich eine Dreherei und eine Schlosserei befanden. Im Jahr 1906 erfolgte der Ausbau der Werkshalle, um Platz für eine Metallgießerei zu schaffen, in der vor allem Teile für den Lokomotivbau gefertigt wurden. Architektonisch ansprechend wurde der historische Industriekomplex mit einer modernen Innenausstattung kombiniert.

Gegenüber befindet sich die alte Gießerei, ein eindrucksvolles kreisrundes Gebäude und zugleich ein bedeutendes Baudenkmal aus der Frühzeit der Industrialisierung. Dieses von Carl Anton Henschel in den Jahren 1836–1837 geschaffene **Gießhaus** 3 wurde aber nur bis 1918 als solches genutzt. Das Haus hat ein kuppelförmiges Dach, das im Inneren mit offenen kurzen Tonröhren verkleidet wurde. Das heutige Kupferdach stammt aus dem Jahr 1978. Das Gießhaus wird von der Uni Kassel für Veranstaltungen genutzt.

Wir gehen ein kleines Stück zurück, überqueren erneut die freigelegte Ahna und wenden uns dann rechts in Richtung Mensa, gehen links an ihr vorbei und überqueren nun die Moritzstraße, um zu einer wichtigen Arbeit von E. R. Nele, der Tochter des documenta-Gründers Arnold Bode zu gelangen. Schon von Weitem ist ihre Installation **„Die Rampe"4** zu sehen. Aus einem offenen Güterwagen entschwinden

Die Rampe

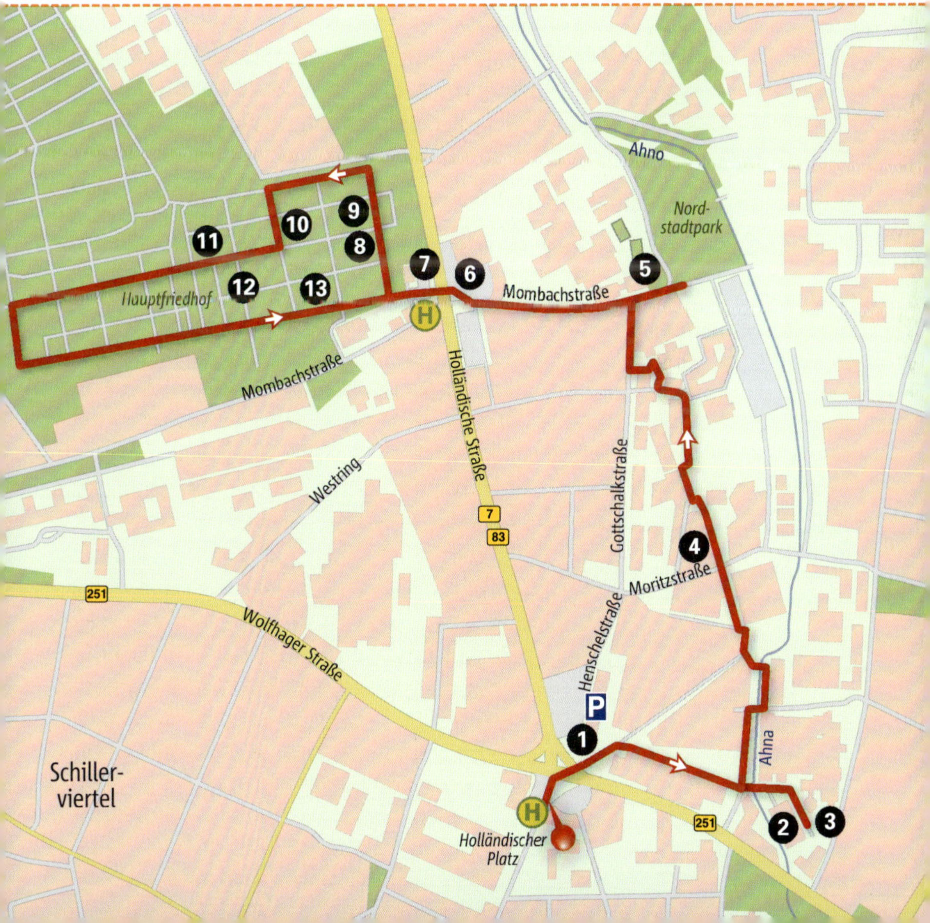

gleichsam körperlose Gestalten. Das Mahnmal aus dem Jahre 1985 erinnert an die drei Deportationszüge, die von Kassel ausgegangen sind. Ein von der Universität Kassel aufgestelltes Schild beschreibt das Anliegen, an die bis heute unfassbaren Verbrechen in der Zeit der nationalsozialistischen Herrschaft zu erinnern. Nachdem wir eine Weile an diesem beeindruckenden Ort verbracht haben, gehen wir weiter, erst an dem Leo Lerncenter vorbei und nehmen anschließend die große Treppe. Rechts liegt der alte Pferdestall, der in den Jahren 1911–1913 erbaut wurde und in dem in der Zeit des Zweiten Weltkriegs vorwiegend ausländische Zwangsarbeiter mit der Wartung von Fahrzeugen beschäftigt wurden. Das heute vom AStA als Kulturzentrum genutzte Gebäude wurde im Zweiten Weltkrieg nicht zerstört.

Wir passieren den Campusgarten und verlassen auf Höhe des Einganges zum Science Park Kassel, dem Gründerzentrum der Region, links das Universitätsgelände, um rechts auf die Gottschalkstraße einzubiegen.

Gartencampus

Archiv der deutschen

FRAUENBEWEGUNG

Im Februar 1983 fiel der Startschuss für die Entstehung des Archivs der deutschen Frauenbewegung, das im Jahr darauf, am Internationalen Frauentag, dem 8. März 1984, seine Pforten im Hinterhof in der Gottschalkstraße 57 öffnete. Heute als Stiftung organisiert, ist das AddF die bedeutendste Einrichtung zur Geschichte der Frauenbewegung in Deutschland. Es ist dem AddF ein zentrales Anliegen, die Geschichte der deutschen Frauenbewegungen in all ihren Facetten und Ausprägungen zu erforschen und einer interessierten Öffentlichkeit bekannt zu machen. Die Einrichtung führt dazu eigene Forschungsprojekte und ein abwechslungsreiches Veranstaltungsprogramm durch. Mit seiner Bibliothek verfügt das AddF über den umfassendsten Bestand an Publikationen zur Geschichte von Frauen und Frauenbewegungen in Deutschland. Ein spannendes Archiv und nicht nur für Frauen ein absolutes Muss!

Archiv der deutschen Frauenbewegung

Wir gehen weiter und sehen bereits vor uns in der Mombachstraße das Gebäude des **Kulturzentrums Schlachthof 5**. Seit seiner Gründung im Jahr 1978 versteht sich das Kulturzentrum Schlachthof als soziokulturelles Herz Kassels, das es sich zur Aufgabe gemacht hat, Menschen aller Nationen und Kulturen zu verbinden. Gleichzeitig veranstaltet das Kulturzentrum ein großartiges Kunst- und Kulturprogramm.

Bevor wir das Gebäude passieren, gehen wir rechts in Richtung Nordstadtpark. Auch hier finden beim Grillen und Freizeitspaß vielfältige interkulturelle Begegnungen statt. Auf dem anderen Ahna-Ufer befindet sich die bereits eingangs er-

Kulturzentrum Schlachthof

wähnte große Graffiti-Fläche. Nach einer kleinen Runde im Nordstadtpark gehen wir zurück zum Kulturzentrum und daran vorbei bis zur Holländischen Straße. Kurz vor der Ampel befindet sich rechts der Henner-Piffendeckel-Platz. **Henner Piffendeckel** 6 war das Pseudonym von Phillipp Scheidemann, der 1865 in Kassel geboren wurde. Unter diesem Namen veröffentlichte er seine Lausbubengeschichten in Kasseläner Mundart. Der bekannte SPD-Politiker war Reichsministerpräsident der Weimarer Republik und nach seinem Rücktritt Oberbürgermeister von Kassel in den Jahren 1920 bis 1925. 1933 emigrierte Scheidemann nach Dänemark, wo er 1939 in Kopenhagen starb. Seine Urne wurde 14 Jahre lang in Kopenhagen aufbewahrt und erst 1954 von dem damaligen Kasseler Oberbürgermeister Willi Seidel in die Heimatstadt Scheidemanns geholt. Sein Ehrengrab können wir anschließend auf dem Hauptfriedhof besuchen. Es befindet sich ganz in der Nähe des Haupteingangs.

Erst Reichsministerpräsident und dann Oberbürgermeister von Kassel

Wir überqueren die Hauptstraße und stehen auf dem Halitplatz. Der Name spiegelt ein trauriges Kapitel deutscher Geschichte, denn Halit Yozgat ist eines der Opfer der NSU-Morde. Nicht weit von hier wurde er in seinem Internetcafé

Auf dem Hauptfriedhof

Eichenallee auf dem Hauptfriedhof

ermordet. Die Plakette auf dem Platz erinnert an die zehn Morde, die in den Jahren 2000 bis 2007 in verschiedenen Städten in Deutschland von neonazistischen Verbrechern verübt wurden. Wir überqueren den Platz, betreten den **Hauptfriedhof 7** und befinden uns sofort in einer anderen Welt. Anstelle von Autolärm und den Geräuschen einer Großstadt sind wir von Vogelgezwitscher umgeben. In dem 40 Hektar großen Park haben zahlreiche bedeutende Persönlichkeiten unserer Stadt ihre letzte Ruhestätte gefunden. Wir wenden uns nach rechts, um zum Mausoleum zu gelangen. Kurz davor erblicken wir auf der rechten Seite die Gräber von **Ludwig Emil und Carl Friedrich Grimm 8.** Ludwig Emil war der Malerbruder von Jacob und Wilhelm Grimm, er hat unter anderem zahlreiche Märchen illustriert und diesen somit zu ihrem weltweiten Erfolg verholfen. Möglicherweise war er der erste Comiczeichner, auf jeden Fall aber Mitbegründer der ältesten Malerkolonie Europas in Willingshausen im Rotkäppchenland. Carl war der vierte der Grimm-Brüder.

Gräber Ludwig Emil und Carl Friedrich Grimm

Wir gehen zum mittleren Teil des Mausoleums, denn hier hat der berühmte Geigenvirtuose Louis Spohr seine letzte Ruhestätte gefunden. **Louis Spohr 9** leitete in Kassel eine bedeutende Violinschule, er war der erste Dirigent, der einen Taktstock benutzte. Zu seiner Zeit stand der Engelsgeiger – wie er gern genannt wurde – auf einer Stufe mit Niccolò Paganini, dem Teufelsgeiger. Ihm zu Ehren gibt es in Kassel auch ein Spohr-Museum. Ein letzter Blick auf das Mausoleum, dann gehen wir links durch eine der vielen wundervollen Eichenalleen. Im Planquadrat 2 nehmen wir die zweite Möglichkeit, die sich uns bietet, um links zu gehen, bis wir vor dem Grab des Lehrers **Gottlob Ungewitter 10** stehen. Ein eindrucksvolles Grab für einen außergewöhnlichen Pädagogen, denn sowohl in der Kasseler Innenstadt am Gebäude der alten Schule wie auch hier auf dem Grabstein wird die Verehrung seiner Schüler durch folgende Zeilen deutlich: „Unserem Lehrer und Meister dem Architekten G. Gottlob Ungewitter seine dankbaren Schüler und Verehrer".

Grab Gottlob Ungewitter

Familiengrab Henschel

Am Ende des Wegs gehen wir rechts und stehen schon nach wenigen Metern vor der großen Grabanlage der **Familie Henschel 11**, die wir bereits zu Beginn unseres Spaziergangs kennenlernen durften. Die Gräber sind von einem Zaun umgeben, die Porträts der männlichen Familienmitglieder rund um den kleinen Obelisken zu erkennen. Wir bleiben auf diesem Weg und sehen rechts am Wegrand das Grab von **Wilhelm Hentze 12**. Er war der Hofgartendirektor der Kasseler Parks, der unter anderem die Blumeninsel Siebenbergen, eine kleine Insel am südlichen Ende der Karlsaue, schuf. Aus dem einst siebten Hügel des Parks wurde dank Hentzes im 19. Jahrhundert ein zauberhafter Ort mit einer schier unglaublichen Vielfalt an Blumen, Sträuchern und Bäumen aus vieler Herren Länder. Wilhelm Hentze verstand es, Pflanzen unterschiedlichster Herkunft geschickt zu kombinieren und in harmonischen Gruppen zusammenzufügen.

Doch hier in diesem Park gibt es noch viel mehr zu entdecken. Wir laufen aus diesem Grund erneut durch eine Eichenallee und gehen dann links, um zum Haupteingang zurückzukommen. Die alten Bäume und auch die Rhododendren machen diesen Spaziergang zu etwas wirklich Besonderem, die alten Grabsteine versetzen die Besucher in längst vergangene Zeiten. Eichhörnchen springen direkt vor uns von Baum zu Baum und auch die Insektenvielfalt ist erstaunlich. Das liegt natürlich auch an den zahlreichen Baum- und Pflanzenarten. In der Stadt gewonnener Honig liegt seit einiger Zeit im Trend und ist dank Imker Victor Hernández auch in Kassel zu einer Erfolgsgeschichte geworden. Leckeren Stadthonig gibt es aber auch dank der auf dem Hauptfriedhof lebenden Bienenvölker. Als Victor Hernández 2010 mit seiner Arbeit begann, galten Stadtimker noch als Exoten, doch über diesen Punkt ist man glücklicherweise hinweg. Bienen leisten einen wertvollen Beitrag für die Biodiversität auch der städtischen Natur. Interessanterweise schmeckt der Honig in jedem Stadtteil anders. Verbinden viele mit der Nordstadt nur graue Tristesse, so ist es gerade dieser Honig, der bei der Honigprämierung des Landes Hessen 2012 mit der Goldmedaille ausgezeichnet wurde.

Über die Hauptachse laufen wir nun langsam wieder in Richtung Eingang und passieren dabei auf der rechten Seite das imposante Grabmal für Phillipp Scheidemann. Doch nicht nur dieses, auch das folgende sind Ehrengräber der Stadt Kassel. Dabei handelt es sich um die Grabstätte von **Gertrude Fürstin von Hanau** **13**. Geboren wurde sie als Gertrude Falkenstein, später wurde sie zur Gräfin von Schaumburg, Fürstin von Hanau und zu Hořowitz. Sie war die morganatische, also nicht standesgemäße, Ehefrau von Friedrich Wilhelm I. von Hessen, dem letzten Kurfürsten von Hessen-Kassel. Unmittelbar daneben befindet sich das Grab von deren Tochter, Gräfin von Schaumburg. Alexandrine war verheiratet mit Prinz Felix zu Hohenlohe-Oehringen, mit dem sie sechs Kinder hatte. Wir verlassen den Hauptfriedhof und beenden diesen Spaziergang an der Haltestelle Halitplatz,“ wo wir wieder in die Straßenbahn steigen können, um zurück in die Kasseler Innenstadt zu fahren.

Grab Hentze

Grabstätte Gertrude Fürstin von Hanau

8 VORDERER WESTEN

Start/Ziel: Querallee (GPS: 51.314506, 9.472710)
Länge: ca. 3 Kilometer
Dauer: ca. 1 Stunde
ÖPNV: Haltestelle Querallee, Straßenbahn 4, 8
Parken: Entlang der Friedrich-Ebert-Straße

Unterwegs entdeckt:

1 Samuel-Beckett-Anlage
2 Haus Nr. 5
3 Friedrich Murnau
4 Der Stuhl des Chefredakteur Karl Marx
5 Stadthalle
6 Gartenprojekt Huttenplatz
7 Goetheanlage
8 Wohnhaus Elisabeth Selbert
9 Haus Nr. 67
10 Goethestern

Essen + Trinken:

Italienische Köstlichkeiten zum Mitnehmen oder direkt vor Ort genießen im **Sapori d'Italia** (Dörnbergstraße 1, 34119 Kassel, Tel. 05 61/4 74 95 24, www.saporikassel.de).

Leckeres Essen mit einem tollen Preis-Leistungs-Verhältnis in der **Gaststätte Zum Lichtenhainer** (Elfbuchenstraße 4, 34119 Kassel, T el. 05 61/5 29 78 00, www.lichtenhainer-kassel.de).

Schön gelegen und wirklich leckere Speisen serviert **ENO Restaurant und Weinbar** (Goethestraße 67, 34119 Kassel, Tel. 05 61/76 69 09 66, www.eno-weinbar.de).

Hier scheint die Zeit stehen geblieben, gerade deshalb wird sie so geliebt, die Studentenkneipe **Ulenspiegel** (Goethestraße 30, 34119 Kassel, Tel. 05 61/77 78 87).

Eine leckere gutbürgerliche Küche bietet das **denkMAHL** (Friedrich-Ebert-Straße 98, 34119 Kassel, Tel. 05 61/1 22 15, www.denkmahl.com).

Studentenflair & Jugendstil

Einer der beliebtesten Stadtteile Kassels ist der „Vordere Westen". Es ist ein Viertel, das viel zu bieten hat, nicht zuletzt, weil hier zahlreiche Häuser aus der Zeit der Jahrhundertwende den Zweiten Weltkrieg überdauert haben. Bei einem Spaziergang durch die Straßen dieses Viertels begreift man, warum Kassel bis zu seiner nahezu vollständigen Zerstörung im Jahr 1943 als eine der schönsten Städte Deutschlands galt.

Wir starten an der Haltestelle „Querallee" und laufen ein kleines Stück stadtauswärts entlang der Friedrich-Ebert-Straße, bis wir auf der rechten Seite einen Supermarkt erreichen. Hier gehen wir rechts und befinden uns auf dem Gelände einer ehemaligen Infanteriekaserne. Nach dem Zweiten Weltkrieg diente das Gelände der Hessischen Bereitschaftspolizei und war für die Bürger nicht zugänglich. Nach der Verlagerung der Bereitschaftspolizei wurde Anfang 2000 das Gelände zwischen Breitscheid- und Friedrich-Ebert-Straße, Bodelschwingh- und Gabelsbergstraße städtebaulich neu konzipiert. Heute trägt dieses Gelände den Namen **Samuel-Beckett-Anlage 1**, benannt nach dem 1989 verstorbenen irischen Schriftsteller, der als einer der bedeutendsten des zwanzigsten Jahrhunderts gilt.

Samuel Beckett

Als 1875 die feierliche Einweihung der neuen „83er-Kaserne" stattfand, bedeutete dies eine enorme Belebung für das gesamte Viertel, denn es siedelten sich unter anderem diverse Gaststätten hier an. Wir schlendern durch die Beckett-Anlage und entdecken an vielen Hauswänden Zitate des berühmten Autors. Dabei gilt es die Augen wirklich überall zu haben, denn selbst an der Decke eines Überbaus findet sich einer seiner schönen Sätze: „... und denk nur wie WUNNERBAR es sein wird, wenn wir uns wiedersehn."

Samuel-Beckett-Anlage

Wir halten uns links und verlassen die Siedlung an der Bodelschwinghstraße. Die kleine Straße ist von Bäumen gesäumt, neben denen ein Basaltblock steht. Diese Bäume gehören zu der Arbeit von Joseph Beuys, der in der Zeit von 1982 bis 1987 insgesamt 7000 Bäume im Kasseler Stadtgebiet pflanzen ließ. Neben jeden Baum wurde ein Basaltblock gesetzt. Diese Stelen sollen laut Beuys den Zeitpunkt markieren, von dem an die Menschen begannen, ihr Leben auf die Umgestaltung des gesellschaftlichen Organismus auszurichten. Für das Stadtbild sind sie aber in erster Linie auch eine visuelle Bereicherung. Nach dem Zweiten Weltkrieg ganz gezielt als autofahrerfreundliche Stadt aufgebaut, glänzte die einzige Großstadt Nordhessens lange Zeit vor allem mit ihren breiten Straßen und demzufolge mit viel Asphalt. Dank Beuys kam das Grün in die Stadt zurück, viele Straßen, wie auch die Bodelschwinghstraße, wurden sichtbar aufgewertet. Im Schatten der Bäume gehen wir durch diese Straße und sehen dabei links den ältesten der ehemals vier Flügel der Kaserne. Weißer und grauer Backstein dominiert heute dieses Gebäude, das unter Denkmalschutz steht und in dem schöne Wohnungen entstanden sind.

Gedenktafel

Am **Haus Nr. 5** 2 befindet sich auf dem Bürgersteig eine Gedenkplakette, die an die Besuche Samuel Becketts erinnert, denn er war in seine Cousine Peggy, eine Tochter der Familie Sinclair, verliebt, die in diesem Haus wohnte. Peggy inspirierte ihn auch zu seinem Erstlingswerk „Dream of fair to middling women", das erst 1996 posthum veröffentlicht wurde. Den Titel dieses Werks lesen wir schräg gegenüber an der Wand des Hauses, in dem sich eine Drogerie befindet. Am Ende der Straße biegen wir rechts ab in die Elfbuchenstraße. Im Haus Nr. 4, in dem heute ein nettes Restaurant seine Gäste empfängt, lebte in den Jahren 1898 bis 1902 Friedrich Wilhelm Plumpe –, der unter dem Namen **Friedrich Wilhelm Murnau** **3** einer der bedeutendsten Regisseure der Stummfilmära wurde. Nach dem Schulbesuch in Kassel studierte er in Berlin und Heidelberg, wo er den Regisseur Max Reinhardt kennenlernte. Reinhardt ermöglichte ihm den Besuch seiner Schauspielschule und beschäftigte ihn als Schauspieler und Regieassistent. F. W. Murnau erlebte den Ersten Weltkrieg als

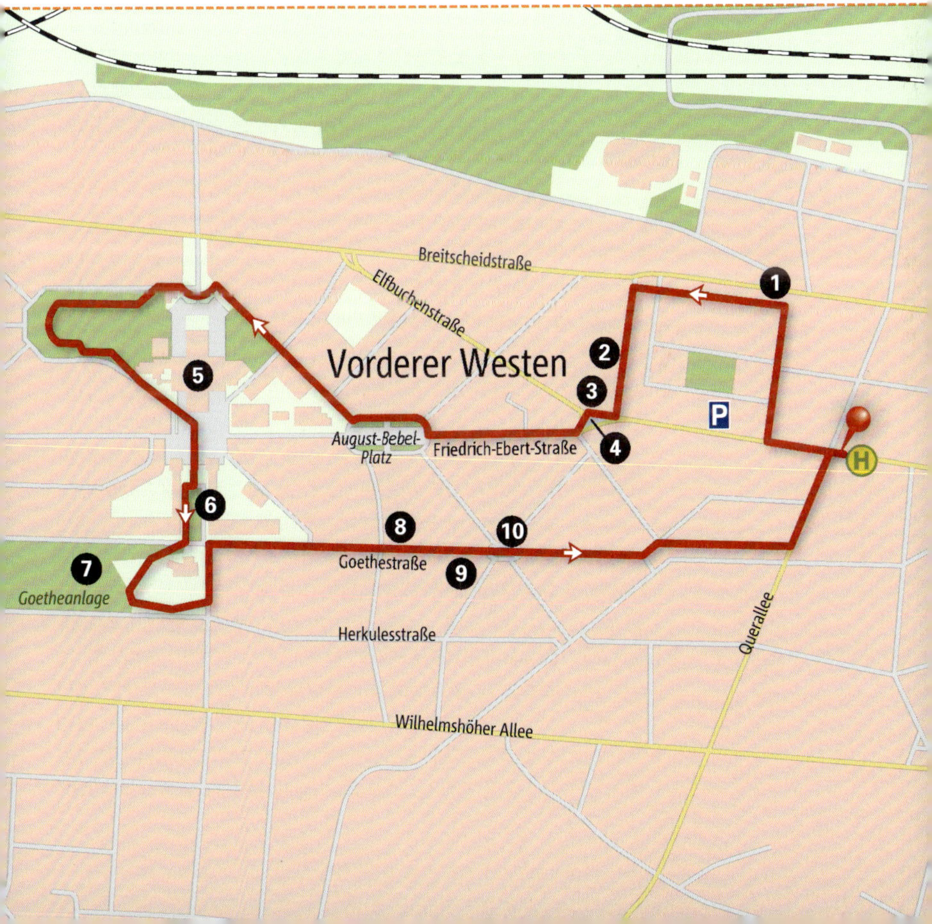

Fratze von Murnau

Soldat, anfangs bei der Infanterie und ab 1917 als Kampfflieger, bis er, gewollt oder ungewollt, auf dem Boden der Schweiz landete, wo er letztendlich am Luzerner Theater arbeitete. Die Kriegserlebnisse waren für ihn prägend, vor allem, nachdem sein damaliger Lebensgefährte an der Ostfront fiel. In Filmen wie Nosferatu wirkt das Grauen des Krieges nach. Interessant ist die Fratze, die sich an diesem Haus unterhalb eines Erkers befindet, denn genau diese soll ihn zu seinem Film Nosferatu inspiriert haben. F. M. Murnau war einer der ersten deutschen Filmschaffenden, die den Sprung nach Hollywood schafften. Die Premiere seines Films „Tabu" am 1. August 1931 erlebte er allerdings leider nicht mehr. Am 11. März 1931 kurz vor einer Europa-Promotion-Tour kam er auf der Küstenstraße von Santa Monica bei einem Autounfall ums Leben. Er wurde auf dem Südwestkirchhof Stahnsdorf bei Berlin beigesetzt.

Wir gehen weiter über den kleinen Karl-Marx-Platz und entdecken vor der Friedenskirche aus dem Jahr 1908 einen Messingstuhl auf einer Säule. Diese 1989 von Hildegard Jäkel geschaffene Skulptur trägt den Titel **„Der Stuhl des Chefredakteur Karl Marx" 4.** Inspiriert wurde die Künstlerin zu dieser Arbeit von dem berühmten Foto, das Marx 1848 als Chefredakteur der „Rheinischen Zeitung" an einem Stuhl stehend, die Hände auf der Stuhllehne ruhend, zeigt. Wir verlassen den kleinen Platz und gehen nun entlang der Friedrich-Ebert-Straße stadtauswärts in Richtung Bebelplatz. Links und rechts wird diese Straße von wunderschönen Jugendstil-Häusern mit kleinen Geschäften im Erdgeschoss gesäumt. Dass es sich bei dem Vorderen Westen um einen besonders attraktiven Stadtteil Kassels handelt, ist vor allem dem Industriellen und Kommerzienrat Sigmund Aschrott zu verdanken, der die Gestaltung und Entwicklung dieses Viertels maßgeblich beeinflusst hat. Im Unterschied zur Altstadt Kassels, die sehr dicht bebaut wurde, entstand hier ein Stadtteil mit einer

Stuhl des Chefredakteurs Karl Marx

St. Maria

großzügigen Bebauung und breiten, von Bäumen gesäumten Straßen, damals vor allem, um dem gehobenen Bürgertum und ab 1866 den preußischen Beamten optimale Lebensbedingungen zu bieten.

Mit Gründung der Kasseler Gesamthochschule – heute Universität Kassel – entdeckten die Studenten dieses Viertel für sich. Es ist heute ein kleiner, aber sehr lebendiger Stadtteil, in dem man sich gerne aufhält. Wir gehen weiter bis zum Bebelplatz und sehen vor uns die Rosenkranzkirche, die 1901 geweiht wurde. Bereits nach 1871 hatte sich die Hohenzollernstraße, die heutige Friedrich-Ebert-Straße, als Hauptgeschäftsstraße im Westen der Stadt etabliert. In ihrem Einzugsbereich entwickelte sich in den folgenden Jahrzehnten das neue Stadtviertel. Am Bebelplatz gehen wir rechts die Straße „Kirchweg" nach oben in Richtung Stadthalle und kommen dabei erneut an reich verzierten Jugendstil-Häusern vorbei.

Wir passieren die Rückseite der Stadthalle und betreten direkt dahinter links den kleinen Stadthallengarten aus dem Jahre 1905.

Stadthallen GARTEN

Dieser wundervolle Garten ist ein kleines, von einer Mauer umgebenes Paradies, das den Lärm der Großstadt für einen Moment vergessen lässt. Die Anlage war 1929 nach Entwürfen von Rudolf Stier gestaltet worden, der das Gelände aufschütten und mit einer Mauer einfassen ließ. Der von Linden und Pappeln gesäumte Rundweg sowie die Rasenflächen stammen ebenfalls aus dieser Zeit. Im Jahr 1950 hatte man den Stadthallengarten als Ausstel-

Stadthallengarten

lungsfläche mit diversen Pavillons und Schmuckbeeten in die „Gartenbauausstellung Kassel" integriert. Im Großen und Ganzen ist das damalige Gestaltungskonzept mit Sitzplätzen, Natursteinmauern und den kleinen Wegen bis heute erhalten. Auch Schachliebhaber kommen voll auf ihre Kosten, denn es gibt im hinteren Bereich des Gartens ein großes Schachfeld auf dem Boden sowie auch mehrere Schachspieltische.

Stadthalle

Nach einer kleinen Runde durch diesen Garten verlassen wir ihn wieder, um links an dem großen Hotel in Richtung **Stadthalle** 5 zu gehen. Sigmund Aschrott stellte der Stadt Kassel das Grundstück kostenfrei zur Verfügung, auf dem anlässlich der 1000-Jahr-Feier Kassels eine Stadthalle errichtet werden sollte. Diese wurde dann in den Jahren 1911 bis 1914 nach einem Entwurf der Architekten Ernst Rothe und Max Hummel realisiert. Nachdem sie bereits im September 1913 genutzt worden war, erfolgte die offizielle Einweihung am 1. April 1914.

Eine repräsentative Stadthalle für die 1000-Jahr-Feier 1913

Glücklicherweise wurde dieses historische Kongressgebäude im Zweiten Weltkrieg nicht zerstört, sondern nur leicht beschädigt. Der Vorplatz, auf dem wir stehen, trägt seit 2007 zu Ehren des aus Kassel stammenden ehemaligen hessischen Ministerpräsidenten den Namen „Holger-Börner-Platz".

Wir drehen uns um und überqueren die Friedrich-Ebert-Straße. Links und rechts befinden sich zwei kleine Wachthäuschen, in der Mitte führt uns eine Treppe nach unten. Im rechten Pavillon, dem Kunsttempel, übernachteten während der documenta 4 einige Künstler, darunter Wolf Vostell. Direkt vor uns befindet sich ein kleiner Garten. Es handelt sich dabei um das **Gartenprojekt Huttenplatz 6**, das von der Künstlergruppe „AND AND AND" im Rahmen der documenta 13 im Jahr 2012 initiiert wurde. Auf der über 1200 Quadratmeter großen – bis dahin mehr oder weniger ungenutzten – Rasenfläche ist ein urbaner Gemeinschaftsgarten inmitten einer Wohnanlage aus dem Jahre 1915 entstanden. Die Grundidee des Gartens besteht in der Förderung der Gemeinschaft. Er soll dazu beitragen, Nachbarn zusammenzuführen, um so der wachsenden Anonymität und Vereinsamung entgegenzuwirken. Aus diesem Grund ist der Gemeinschaftsgarten auch für alle zugänglich, jeder der daran teilhaben möchte, darf mitgärtnern und natürlich auch ernten.

Kunsttempel

Bemalte Wand von KolorCubes

Schräg vor uns auf der anderen Seite der Straße befindet sich rechter Hand die in den 1920er-Jahren konzipierte und bis 1933 gebaute **Goetheanlage 7**, einst ein „Volksgarten für Spiel, Sport und Erholung". Wir werfen bereits von oben einen Blick auf diese grüne Lunge, bevor wir sie über einen kleinen Weg rechts betreten. Unversehens befinden wir uns inmitten eines schönen Spielplatzes, auf dem sich die Kinder nach Herzenslust austoben können. Am anderen Ende des Parks schließt das Feuerlöschbecken an, das im Zweiten Weltkrieg erbaut wurde. Heute sind hier Basketballfelder sowie Flächen für Graffiti zu sehen. In diesem denkmalgeschützten Gartenkulturdenkmal mit hohem Erholungswert kommen alle Altersgruppen auf ihre Kosten, denn 2011 wurde hier ein Generationenparcours mit sieben Geräten aufgestellt.

Haus in der Goethestraße

Wir verlassen die Anlage und gehen durch die Huttenstraße wieder nach oben auf die Goethestraße, die wir überqueren. Die rechter Hand vor einem großen Häuserblock stehende Mauer wurde erst kürzlich von dem Künstlerkollektiv KolorCubes gestaltet und so sichtlich aufgewertet. Bei der Recherche nach Anregungen für die Gestaltung der Wand des Unternehmens Vonovia, stieß KolorCubes auf ein Filmplakat im Stil des Art déco. Das Wandbild stellt die historischen Bezüge in den Vordergrund und schafft so einen Zugang für den Betrachter. Noch während wir das Graffiti bewundern, gehen wir weiter zum Haus Nr. 74, dem **Wohnhaus von Elisabeth Selbert 8,** in dem sie auch eine Anwaltskanzlei mit Notariat unterhielt.

Wohnhaus von Elisabeth Selbert

Elisabeth-Selbert – Mutter der GLEICHBERECHTIGUNG

Für die Rechtsanwältin Elisabeth Selbert war die Gleichberechtigung von Frauen und Männern nicht nur Theorie, sondern alltägliche Praxis. Bereits als junge Frau trat sie 1918 der Kasseler SPD bei und studierte nach dem Abitur Jura. 1934 erhielt sie ihre Zulassung als Anwältin und eröffnete in diesem Haus eine Anwaltspraxis mit Schwerpunkt Familienrecht. Bis 1943 ernährte sie ihre Familie, da ihr Mann, ein Buchdrucker, Berufsverbot hatte. Die „Mutter der Gleichberechtigung", wie sie gern genannt wird, verfasste Artikel 3, 2 unseres Grundgesetzes, der die Gleichstellung von Mann und Frau vor dem Gesetz zum Inhalt hat. Sie ist eine von nur vier Ehrenbürgerinnen der Stadt Kassel.

Haus Nr. 67

In diesem Bereich der Goethestraße reiht sich ein schönes Haus im Jugendstil an das nächste und so verwundert es kaum, dass Kassel bis zu seiner Zerstörung als eine der schönsten Städte Deutschlands galt. Was für ein Glück, dass dieses Viertel wenigstens teilweise vom Krieg verschont geblieben ist.

Auf der anderen Straßenseite befindet sich das sehenswerte **Haus Nr. 67 9.** Es ist etwas ganz Besonderes, denn bei der Renovierung wurden nicht nur die Fassade, sondern auch

Wohnen im Vorderen Westen

Blick von Goethekreisel auf Villen

die vom Jugendstil sowie der Gründerzeit geprägte Innenarchitektur wiederhergestellt. Als diese Wohnungen Anfang des 20. Jahrhunderts für eine gehobene Gesellschaft geschaffen wurden, gab es im Erdgeschoss des Hauses bereits das Café-Restaurant „Prinzenhof", in dem sich die „feinen Leute" ein Stelldichein gaben. Auch heute befindet sich hier noch eine gastronomische Einrichtung. Es lohnt zudem, einen Blick in die links neben dem Haus nach unten führende Pestalozzistraße zu werfen, denn der gesamte Straßenzug blieb glücklicherweise vom Krieg verschont.

Wir betreten nun den kleinen Kreisel, den **Goethestern 10**. Genau hier ist eine berühmte Szene des Films „Natürlich die Autofahrer" mit Heinz Erhardt gedreht worden. In diesem Film spielt Erhardt einen bekennenden Nichtautofahrer, der keinen Führerschein besitzt. Nachdem er jedoch beim Lotto ein Auto gewonnen hat, nimmt er heimlich Fahrunterricht. Offiziell heißt der Platz noch immer Goethestern, doch es gibt nicht wenige, die ihn gern in „Platz der widerständigen Frauen" umbenennen würden. Bereits 1989 hatte die Künstlergruppe 1A Kassel an der Stelle des heutigen Kreisels Kunstrasen ausgelegt und eine Fläche abgesperrt. Der verkehrsberuhigende Effekt stellte sich sofort ein. Leider hatte die Forderung, den Platz namentlich jenen Frauen zu widmen, die sich gegen Krieg und Gewalt einsetzen und anderen Frauen Mut zur Selbstbestimmung machen, kein Gehör gefunden, deshalb heißt der Platz bis heute offiziell Goethestern.

Wir gehen weiter durch die Goethestraße, am Rudolphplatz vorbei und sehen rechts das Fachgerichtszentrum Kassel. Ein imposantes Gebäude, das vor einigen Jahren aufwendig saniert wurde. Dieser Teil der Goethestraße, die einst über die gesamte Breite ging, wurde bis 2018 zurückgebaut. Dabei wurde die Straße um gut die Hälfte reduziert und gleichzeitig den Fußgängern, spielenden Kindern und Fahrradfahrern deutlich größere Bereiche zugesprochen. Wir laufen bis zur Querallee und gehen dann links, den kleinen Berg nach oben. Wir sind zurück an unserem Ausgangspunkt, wo wir in einer der vielen kleinen Bars, Cafés oder Restaurants unseren Spaziergang Revue passieren lassen können.

9 MITTE, WESERTOR UND UNTERNEUSTADT

Start/Ziel: Königsplatz (GPS: 51.315738, 9.498059)
Länge: ca. 4 Kilometer
Dauer: ca. 1 Stunde
ÖPNV: Haltestelle Königsplatz/Mauerstraße, Bus 10, 14, 16, 17, 30, 32, 37, 38, 52, 55, 100, 110; Haltestelle Königsplatz, Straßenbahn 1, 3, 4, 5, 6, 8, RegioTram 1, 5
Parken: Parkhaus Mauerstraße oder City Point

Unterwegs entdeckt:

1 Königsplatz
2 Altstädter Friedhof
3 Lutherkirche
4 Druselturm
5 Synagoge
6 Zeughaus
7 Finkenherd
8 Vogtsche Mühle
9 Karlshospital
10 Renthof und Brüderkirche
11 Markthalle
12 Garnisonkirche

Essen + Trinken:

Nicht täglich geöffnet, doch wenn es sich ergibt, unbedingt ausnutzen: **Fliegende Köche** by Christoph Brand im Lutherturm (Tel. 05 61/9 88 53 00, www.fliegende-koeche.de).

Gemütlich und absolut empfehlenswert ist die **Braumanufaktur Steckenpferd,** zumal auch das Preis-Leistungs-Verhältnis stimmt (Kastenalsgasse 8, 34117 Kassel, Tel. 05 61/92 01 14 70, www.braumanufaktur-steckenpferd.de).

Gutbürgerliche Küche und einfach eine tolle Lage bietet das **Finkenherd Inselrestaurant** (Weserstraße 6 a, 34125 Kassel, Tel. 05 61/7 39 34 53, www.finkenherd-kassel.de).

Kassels verlorene Stadt

Der Königsplatz, einer der zentralen Plätze Kassels damals wie heute, wurde im 18. Jahrhundert von dem Hugenotten Simon du Ry nach französischem Vorbild angelegt. So wie in Paris um den Triumphbogen führen alle Straßen strahlenförmig auf den Platz, der bis zur Zerstörung im Zweiten Weltkrieg von prächtigen Häusern gesäumt war. An der Stelle des heutigen Einkaufszentrums standen früher eine Post sowie ein Gasthaus, in dem auch Goethe mehrfach übernachtete.

Königsplatz

Ruhestätte letzter Kurfürst

Der **Königsplatz** 1 ist von Platanen und 36 Wasserspeiern umgeben, der Innenbereich jedoch unbebaut, da er für Märkte und Stadtfeste genutzt wird. Der Platz und die Fußgängerzone – die Königsstraße – wurden nach König Friedrich von Schweden, dem Erstgeborenen von Landgraf Carl und seiner Frau Maria Amalia, benannt. Wir gehen links am Einkaufszentrum vorbei durch die Poststraße, wenden uns in der Mauerstraße nach rechts, wo wir bis zum Zebrastreifen gehen. Schon wenige Stufen dahinter betreten wir den ehemaligen **Altstädter Friedhof** 2, einen der ältesten Friedhöfe der Stadt. Der umzäunte Bereich auf der linken Seite markiert die Ruhestätte des letzten Kurfürsten von Hessen-Kassel. Friedrich Wilhelm I. nannte sich selbst von 1847–1866 noch Kurfürst, obwohl die Kurfürstenwürde bereits im Jahr 1806 abgeschafft worden war. Wenige Schritte weiter sehen wir vor uns rechts einen hohen Zaun mit kleinen Engeln an allen vier Ecken, der einen Grabstein einfasst. Hier liegt ein kleiner Junge, den die Kasseler liebevoll den kleinen Prinzen nannten.

Grab kleiner Prinz

Der Sohn von Kurfürst Wilhelm II. und seiner Geliebten Emilie Ortlöpp wurde nur sieben Jahre alt. Hinter dem Grab gehen wir rechts und schauen nach oben zur **Lutherkirche 3**, deren Turm im Zweiten Weltkrieg unversehrt blieb. Lediglich das Gemeindehaus wurde getroffen und durch einen 70er-Jahre-Bau ersetzt. Die Lutherkirche wird heute nicht mehr als Kirche genutzt, dient aber den „Fliegenden Köchen“ als außergewöhnliche Location.

Lutherkirche

Hinter der Kirche befindet sich das Grab von Charlotte Amalie Hassenpflug, der einzigen Schwester von Jacob und Wilhelm Grimm. Sie starb im Alter von nur 40 Jahren nach der Geburt ihrer dritten Tochter im Wochenbett. Ihr Grabstein wird von einem Engel geziert, einer wunderschönen Arbeit von Werner Henschel. Rechts daneben befindet sich ein Ehrengrab der Stadt Kassel für die Mutter Dorothea Grimm. Als die Mutter 1808 verstarb, lebten von ihren neun Kindern noch sechs.

Daher sind auf dem Grabstein zwei Zweige mit Lindenblättern zu erkennen. Links ein Zweig mit sechs Blättern nach oben für die noch lebenden Kinder und auf der rechten Seite ein Zweig mit drei herabhängenden Blättern für die bereits verstorbenen Kinder.

Wir verlassen das Gelände der Kirche und gehen erneut rechts durch die Mauerstraße, nachdem wir diese überquert haben. Nach ca. 30 Metern gehen wir links in die Hedwigstraße und laufen bis zur Fußgängerzone.

Grab Dorothea Grimm

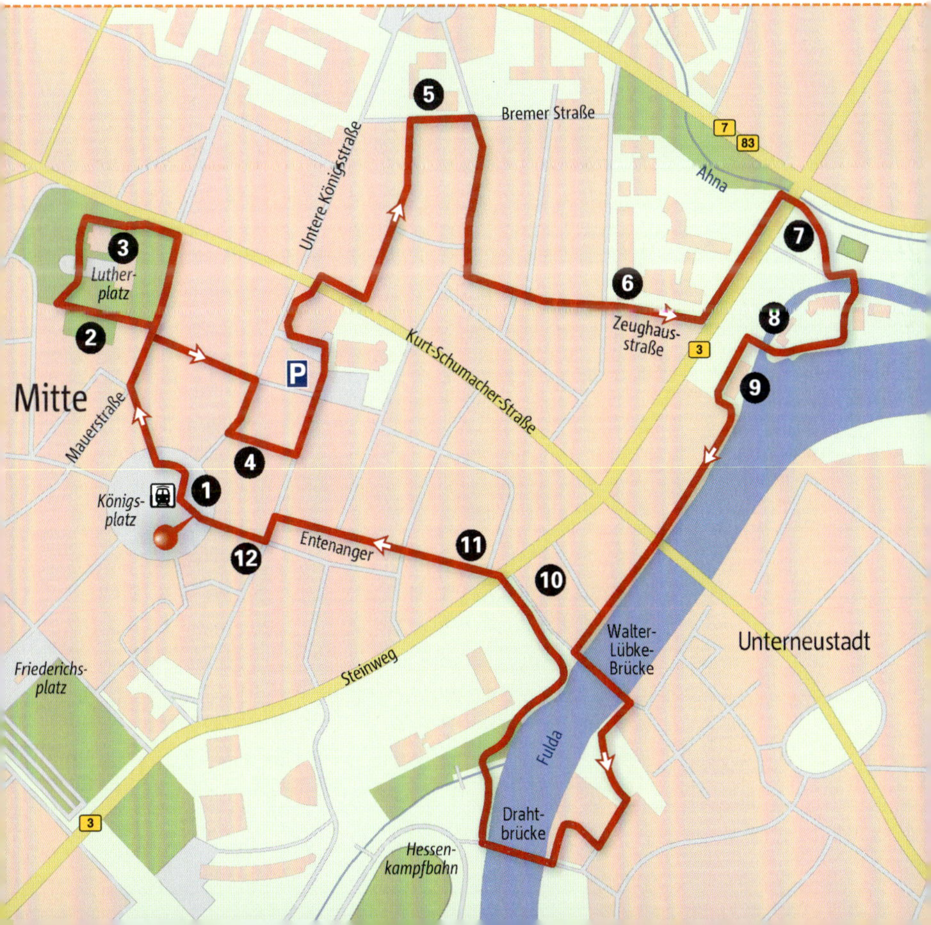

Druselturm

Hier sehen wir bereits rechts den 44 Meter hohen **Druselturm** 4 aus dem Jahr 1415. Der Druselturm war einst als Stadtturm Teil der Stadtmauer. Der Name stammt von einem kleinen Bach, der Drusel, der an die Stadtmauer herangeleitet wurde, um den Stadtgraben zu speisen. Zudem floss regelmäßig das Wasser der Drusel durch die Altstadt, um die Gassen zu reinigen. Der Turm diente als Gefängnis. Einige Meter über dem Erdboden sehen wir auf einem kleinen Vorsprung eine hölzerne Tür. Hier wurden durch ein sogenanntes Astloch die Gefangenen mit einem Seil um den Bauch in das Innere des Turmes herabgelassen. Im 16. Jahrhundert ließ Landgraf Philipp der Großmütige eine Heizung in das Gefängnis bauen, da er am eigenen Leib erfahren hatte, wie kalt es in einer Zelle werden kann, nachdem er einen Winter in niederländischer Gefangenschaft verbringen musste. Direkt neben dem Turm ist das Bodenpflaster farblich abgesetzt, es zeigt den Verlauf der mittelalterlichen Stadt. Wir verlassen den Druselplatz und gehen links in Richtung Martinskirche, die majestätisch vor uns aufragt.

Dom der Stadt –

DIE MARTINSKIRCHE

Die Martinskirche wurde Mitte des 14. Jahrhunderts auf dem höchsten Punkt der mittelalterlichen Stadt errichtet. Zunächst als katholische Kirche geweiht, wurde sie im Zuge der Reformation protestantisch und ist noch heute die große protestantische Kirche zu Kassel. Die Martinskirche sollte keine gewöhnliche Pfarrkirche, sondern der Dom der Stadt werden. Sie ist die Bischofskirche der evangelischen Landeskirche von Kurhessen und Waldeck. Das bedeutendste musikalische Ereignis war sicherlich der Besuch Johann Sebastian Bachs im September 1732. Auf Einladung des Kasseler Stadtrates kam Bach mit seiner Frau Anna Magdalena in die hessische Residenzstadt, um das Resultat der Renovierung der von Hans Scherer erbauten Orgel zu begutachten und auf dieser zu spielen. Das Innere der Martinskirche zeigt an der Nordwand des Kirchenschiffs ein kolossales Philipps-Epitaph, das zu den wenigen historischen Ausstattungsstücken gehört, die den Zweiten Weltkrieg nahezu unbeschadet überdauert haben. Das imposante Epitaph für Landgraf Philipp den Großmütigen und seine erste Frau, Christine von Sachsen, wurde von dem niederländischen Hofbildhauer Elias Godefroy entworfen und begonnen, doch erst von dessen Schüler Adam Liquir Beaumont vollendet. Es hat die Form eines nach oben erweiterten römischen Triumphbogens und wurde in einem dunklen polierten Marmor sowie einem leicht gelben Alabaster ausgeführt. In den beiden Kirchtürmen befinden sich sieben neu gegossene Glocken, die 1961 geweiht wurden. Die alte Osanna-Glocke, die bei der Zerstörung vom Turm in das Kirchenschiff gestürzt war, ist in der Kirche zu bewundern.

Martinskirche

Epitaph Martinskirche

Über den Landgraf-Philipps-Platz gehen wir zurück zur Fußgängerzone und schließlich rechts bis zur großen Kreuzung. Wir überqueren die Kurt-Schumacher-Straße, gehen erneut rechts und schließlich links in die Schäfergasse. Auf dem Boden dieser Straße sind zahlreiche Stolpersteine zu sehen, lebten doch in diesem Viertel bis zum Zweiten Weltkrieg zahlreiche jüdische Bürgerinnen und Bürger. Eine von ihnen war die erste Ehrenbürgerin der Stadt Kassel, Sara Nussbaum, die 1891 Rudolf Nussbaum geheiratet hatte. Die Familie wohnte mit ihren drei Kindern in der Schäfergasse. Das Ehepaar engagierte sich sehr für die Bürger der Stadt und in der jüdischen Gemeinde. Sara unterstützte ihren Mann außerdem beim Aufbau der DRK-Sanitätseinheit „Kolonne Nussbaum" und ließ sich

Synagoge

zur Rotkreuzschwester ausbilden. Am 7. September 1942 wurde die 74-jährige Sara Nussbaum von den Nationalsozialisten mit dem letzten Kasseler Deportationszug in das Konzentrationslager Theresienstadt verbracht. Sie meldete sich dort freiwillig für die Arbeit in der Typhusabteilung und rettete zahlreichen Menschen das Leben, indem sie ihnen ein Schild umhängte, auf dem „Typhus krank“ zu lesen war. Sie überstand die Zeit im Lager und kehrte nach Kassel zurück, wo sie in Armut bis zu ihrem Tod lebte, da sie zu Lebzeiten keinerlei Entschädigungszahlungen erhalten hatte. Vor uns in der Bremer Straße sehen wir den Sara-Nussbaum-Kindergarten und gleich daneben die neue Synagoge.

Die in Kassel bereits seit dem Mittelalter existierende jüdische Gemeinde hatte bei Machtübernahme der Nationalsozialisten über 2000 Mitglieder. Nachdem es bereits 1933 zu gewaltsamen Aktionen gegen Juden gekommen war, wurden während der Novemberpogrome im Jahr 1938 die **Synagoge** **5** verwüstet sowie zahlreiche jüdische Geschäfte zerstört. Über 250 jüdische Männer wurden verhaftet und in das KZ Buchenwald verschleppt. In den folgenden Jahren waren die hier lebenden Juden einer völligen Entrechtung ausgesetzt und Kassel mit insgesamt drei Deportationszügen weitgehend „judenfrei“ gemacht. Im Gedenkbuch „Namen und Schicksale der Juden Kassels 1933-1945“ sind die Namen von 1007 ermordeten jüdischen Einwohnern aufgelistet. Seit Mai 2000 hat Kassel eine neue Synagoge, die sich in der Nähe der 1938 zerstörten befindet. Auf der Wand der Synagoge steht zu lesen: „Wahrheit entsprießt dem Boden und Gerechtigkeit blickt vom Himmel“.

Wir gehen rechts durch die Müllergasse. Kaum zu glauben, dass wir hier mitten in der Altstadt unterwegs sind. Ehemals war es eine herrliche Altstadt mit prächtigen Fachwerkhäusern. Sie wurde am 22. Oktober 1943 zu 100% zerstört. Heute präsentiert sich dieses Viertel im Stil der 50er- und 60er-Jahre. Am Pferdemarkt laufen wir links durch den „Brink“, eine kleine Grünanlage. Als 1330 mit der Freiheit ein neues Viertel entstand, ließ sich die „Niedergemeinde“ auf dem Breul, dem ehemaligen Weideplatz des alten Königs-

Zeughaus

hofes, nieder. Der Brink wurde zu einem Ort der Begegnung und der Feste für die Bewohner des Breul, Reisende nutzten den Brink als Rastplatz. Dort tobte das Leben: Zahlreiche Handwerker boten ihre Waren feil, es gab Bordelle und Badehäuser. Doch hier am Pferdemarkt wurde natürlich auch mit Pferden gehandelt, selbst Pferdemetzgereien gab es.

Wir gehen weiter durch den „Weißen Hof" und die Zeughausstraße und sehen schließlich auf der linken Seite die imposanten Ruinen des **Zeughauses 6**. Das knapp 97 Meter lange und 22 Meter breite Gebäude verfügte über vier Stockwerke und galt als eines der größten Profanbauwerke des alten Kassel. Angeblich waren im Zeughaus Waffen für 30.000 Mann gelagert. Ein Beleg dafür könnte sein, dass 1806 französische Grenadiere 80.000 Gewehre abtransportierten. Nach 1768 entstanden hier auf dem Wall Kasernen für die Infanterie und die Artillerie. In den Stallungen, Zeughäusern und Magazinen arbeiteten die Sattler, Kanonengießer und Büchsenmacher. Hier war einst der Ahnaberg, der seinen Namen von dem kleinen Fluss Ahna erhielt, der am Zeughaus

aus Richtung Norden kommend in die Fulda mündete. Der einstige Berg lässt sich heute kaum erahnen, doch hier werden die Ursprünge Kassels vermutet. Vielleicht lag hier der Königshof Chassalla, der in einer Urkunde von König Konrad I. im Jahr 913 erstmals schriftlich erwähnt wurde. Wir verlassen dieses Viertel, das sich spürbar im Umbruch befindet, da es schon seit einiger Zeit die Studenten für sich entdeckt haben und sich hier immer mehr kleine Geschäfte und gastronomische Einrichtungen etabliert haben.

An der Weserstraße gehen wir links, um die Hauptstraße an der Fußgängerampel zu überqueren. Unser Ziel ist die gegenüberliegende kleine Grünanlage **Finkenherd 7.** Dieser Stadtteil nennt sich Wesertor, ein Viertel, das seinen Namen einem alten Weser Thor verdankt, dem ehemals schlichtesten Stadttor Kassels. Nach einigen Metern in dem kleinen Park gehen wir links und dann rechts über die Brücke zum Inselrestaurant Finkenherd. Der große Finkenherd war früher als Flussbastion ein Teil der Artilleriekaserne. Nachdem die Altstädter Kirchengemeinde der Brüderkirche das Gelände 1920 erwarb, eröffnete hier eine Gaststätte, in der jedoch kein Alkohol ausgeschenkt wurde. Leider wurde die Anlage im Zweiten Weltkrieg fast vollständig zerstört, befindet sich aber noch immer im Besitz der Gemeinde. Das heutige Inselrestaurant bietet einen herrlichen Blick auf die Fulda.

Finkenherd

Wir gehen rechts an dem Restaurant vorbei und laufen entlang der Fulda in Richtung **Vogtsche Mühle 8,** deren Wurzeln bis in das Jahr 1154 zurückreichen. Schon damals betrieb das Kloster Ahnaberg eine Mühle hier am linken Fuldaufer. Nach einem Großbrand im Jahr 1869 kaufte der Mehlhändler Otto Vogt das Gelände und baute die Mühle wieder auf, daher auch der Name Vogtsche Mühle. Vogt sicherte

Vogtsche Mühle

sich damals alle Stau- und Wasserrechte, musste die Mühle 1926 nach einem Brand aber erneut aufbauen, bevor die Bomben des Krieges die Mühle zum wiederholten Mal zerstörten. 1958 kaufte der Autohändler Adolf Lange das Grundstück. Lange setzte bereits damals auf Ökostrom und betrieb ein Sauerstoffwerk, das er neben der Mühle errichtete. Seitdem wird hier Strom für 670 Haushalte produziert.

Links sehen wir das historische **Karlshospital** 9 aus dem Jahr 1720, das heute im Dachbereich moderne Elemente aufweist. Landgraf Carl hatte dieses Gebäude als Erziehungsanstalt für ungehorsame Kinder, Spieler und Landstreicher bauen lassen. Interessant ist die Nutzung ab 1928, denn dann wurde es tatsächlich als Hospital unter der Leitung von „Papa Kröning" genutzt. Obdachlose, Alkoholiker, Prostituierte und jeder, der Hilfe brauchte, fand hier 150 Schlafgelegenheiten, zeitweise wurden täglich bis zu 800 warme Mahlzeiten ausgegeben. Nachdem 1933 die

Karlshospital

SA in das Gebäude eingezogen war, kümmerte sich Papa Kröning weiterhin um die zahlreichen Opfer, die oftmals schwerste Misshandlungen erlitten hatten. Direkt hinter dem Karlshospital nehmen wir rechts den Weg hinunter ans Ufer der Fulda und gehen auf diesem Weg unter der Fuldabrücke hindurch zur Schlagd. Wir überqueren die Fulda an der Walter-Lübcke-Brücke und gehen rechts zwischen dem Restaurant und dem dazugehörigen Biergarten auf die Elisabeth-Selbert-Promenade. Auf einem Torbogen ist die Silhouette der Stadt abgebildet, wie sie bis 1943 ausgesehen haben mag. Wir gehen weiter durch den kleinen Park bis zur Sternstraße und wenden uns dann nach rechts. Hier in der Unterneustadt haben nur wenige Häuser den Krieg überdauert. An der Drahtbrücke entdecken wir ein beeindruckendes Fachwerkhaus, das mit der Erschließung dieses Viertels ab 1866 erbaut worden war.

Auf der anderen Straßenseite befindet sich am Ufer der Fulda ein kleines Backsteinhaus mit einer netten Terrasse und einem fantastischen Blick über die Fulda.

Kurbad JUNGBORN

Kurbad Jungborn

Das Kurbad ist ein in Deutschland fast einmaliges Zeugnis der Badegeschichte. Es ist das einzige Gebäude auf der Ufermauer, das bei der schrecklichen Bombardierung Kassels im Oktober 1943 nicht zerstört wurde. Wir gehen rechts und laufen direkt auf das Gebäude zu. Das unter Denkmalschutz stehende Kurbad wurde vom Förderverein Kulturdenkmal Kurbad Jungborn saniert und als Bademuseum und Café hergerichtet. Somit ist das Kurbad Jungborn der älteste noch existierende Kasseler Badeort, der an lebendige und gesellige Zeiten an und in der Fulda erinnert. Das kleine Museum erzählt seine wechselvolle Geschichte als Teil eines Flussbades im 19. Jahrhundert, als Reinigungsbad ab 1872 und als medizinisches Heilbad im 20. Jahrhundert.

9 MITTE, WESERTOR UND UNTERNEUSTADT

Am Ufer der Fulda

Wir gehen über die Drahtbrücke, wenden uns nach rechts, überqueren die kleine Fulda und folgen weiter dem Weg an der Fulda. Links erhebt sich eine hohe Mauer, die uns zeigt, wo die Stadtmauer verlief und wo sich oberhalb das Stadtschloss befand, das in der Regierungszeit des französischen Königs Jérôme Bonaparte abgebrannt ist. Nach ca. 150 Metern kommen wir zum bereits 1523 errichteten Rondell, wo wir über einen Steg ein kleines Stück über die Fulda gehen. Das Rondell mit seinen knapp 10 Meter dicken Wänden war als Geschützturm Teil der alten Befestigungsanlage der Stadt Cassel. Wir gehen am Rondell vorbei und laufen in Richtung **Renthof und Brüderkirche 10.** Ein Besuch des Renthofs ist eine kleine Reise in die Vergangenheit. Da sind die gotischen Fenster der alten Brüderkirche, die Renais-

Brüderkirche und Renthof

sance-Fenster sowie die Renaissance-Decke des Restaurants und das barocke Treppenhaus hinter der Fachwerkfassade. Gleichwohl gibt es aber auch den Anbau aus den 1960er-Jahren. Der Renthof ist eines der wenigen historischen Gebäude Kassels, das öffentlich zugänglich ist und wo die verschiedenen Epochen erkennbar und dennoch behutsam herausgearbeitet wurden. Der alte Klosterinnenhof des Karmeliterordens ist noch heute ein Ort der Stille, denn fernab der Hektik der nahegelegenen Innenstadt wähnt man sich in einer anderen Welt. Die sich unmittelbar angrenzende Brüderkirche wird vom Renthof als Veranstaltungsort genutzt und ist direkt mit dem Haus verbunden. Bei der Brüderkirche handelt es sich um das älteste hochgotische Baudenkmal der Stadt. Die Kirche war im 14. Jahrhundert von den Brüdern des Ordens vom Berge Karmel erbaut worden. Die für ihre spartanische Lebens- und Bauweise bekannten Bettelmönche haben beim Bau der Brüderkirche konsequent auf Luxus und Reichtum verzichtet. Über dem ehemaligen Hauptportal befindet sich ein sehr schönes hochgotisches Sandsteinrelief, die Beweinung Christi, das um 1500 entstand. Nach der Reformation zog hier die Hofschule ein, deren berühmtester Schüler Heinrich Schütz war. Nach der Zerstörung im Zweiten Weltkrieg wurde die Alte Brüderkirche in ihrer ursprünglichen Form wiederaufgebaut, allerdings Anfang der 1970er-Jahre von der Gemeinde aufgegeben und seitdem nicht mehr für Gottesdienste genutzt.

Markthalle

Brunnen am Entenanger

Wir überqueren die Hauptstraße und gelangen zur **Markthalle 11**, einem wunderschönen Gebäude, das im Auftrag von Landgraf Wilhelm IV. im 16. Jahrhundert im Stil der Weserrenaissance erbaut wurde. Früher waren im Erdgeschoss die Stallungen für die Pferde der Landgrafen. In dem historischen Gebäude sind außer der Markthalle auch das Stadtarchiv und das Medienzentrum untergebracht. Im Obergeschoss befanden sich die Kunst- und Raritätenkammer, ein Raum für wissenschaftliche Experimente, eine Druckerei sowie eine Münzerei. 1633 verlegte Landgraf Wilhelm IV. seine kostbare Bibliothek vom Renthof in den Marstall. Der Marstall ist folglich das älteste Museums- und Bibliotheksgebäude der Stadt. Nach der Zerstörung im Zweiten Weltkrieg wurde die Fassade nach altem Vorbild, der Innenbereich als moderne Markthalle, wieder aufgebaut. Seit Mitte der 1960er-Jahre ist hier donnerstags bis samstags der Kasseler Wochenmarkt mit regionalen und internationalen Produkten.

Ruine Garnisonskirche

Wir gehen an der Markthalle vorbei weiter zum Entenanger. Hier in der früheren Kasseler Altstadt mit ihren zahlreichen Fachwerkhäusern sind heute nur noch Häuser der 50er- und 60er-Jahre zu sehen. Der kleine Stadtplatz Entenanger sowie die kleine Grünanlage und der Spielplatz stammen ebenfalls aus dieser Zeit. Hinter dem Parkplatz überqueren wir die Straße am Zebrastreifen und wenden uns ein letztes Mal nach links und gehen gleich darauf rechts in die Straße „An der Garnisonkirche". Links sehen wir die Reste der alten **Garnisonkirche 12**, in denen sich heute ein Restaurant befindet. Die spätbarocke Garnisonkirche wurde 1770 für Militärangehörige reformierten Bekenntnisses in Kassel eingeweiht. Leider wurde auch diese Kirche bei dem Bombenangriff 1943 komplett zerstört und in der Folgezeit nicht wieder aufgebaut. Wir gehen noch einige Schritte weiter und sind zurück auf dem Königsplatz.

10 KARLS- UND FULDAAUE

Start/Ziel: Torhaus Karlsaue (51.303281, 9.486525)
Länge: ca. 6 Kilometer
Dauer: ca. 1,5 Stunden
ÖPNV: Haltestelle Heinrich-Heine-Straße, Straßenbahn 5, 6, RegioTram 1, 4
Parken: An der Karlsaue in der Menzelstraße

Unterwegs entdeckt:

1 Küchengraben
2 Kasseler Kunsthochschule
3 Bowling Green
4 Orangerie
5 Skulpturen am Bowling Green
6 Hirschgraben
7 Auedamm
8 Auebad
9 Fuldaaue
10 Vogelinsel
11 Große Badeseen
12 Gärtnerplatzbrücke
13 Großes Bassin und Schwaneninsel

Essen + Trinken:

In den Sommermonaten steht der **Eiswagen von Luigi** an der Gärtnerplatzbrücke. Das Eis ist lecker und Luigi eine Institution in Kassel.

Leckere Pizza gibt es in der **Pizzeria San Marino** (Frankfurter Straße 59, 34121 Kassel, Tel. 05 61/28 48 96).

Flanieren in den Kasseler Auen

Was Kassel vor allem auszeichnet, sind die vielen Grünanlagen, denn ca. 2/3 der Stadtflächen sind „grün". Der Naherholungswert ist entsprechend hoch. Auch die Karlsaue liegt fußläufig nur wenige Minuten von der Innenstadt entfernt. Der innerhalb des ehemaligen Binnendeltas der Fulda entstandene Park gehört zu den größten städtischen Parkanlagen, er ist über diverse Brücken mit der Fuldaaue verbunden.

Auetor

Wir fahren mit der Straßenbahn bis zur Haltestelle Heinrich-Heine-Straße und biegen in die gleichnamige Straße ein, wo wir nach ca. 50 Metern das Auetor und rechts daneben das Torhaus erreichen. Kaum dass wir es durchschritten haben, befinden wir uns in einer anderen Welt. Rechts und links des Wassergrabens stehen mächtige Bäume, die eine beeindruckende Ruhe ausstrahlen. Wir wenden uns nach links und flanieren durch eine beinahe märchenhaft anmutende Eichenallee immer den **Küchengraben** 1 entlang. Bereits nach wenigen Metern sehen wir auf der linken Seite hinter den Bäu-

Küchengraben

Marmorbad

men die Gebäude der **Kasseler Kunsthochschule 2**. Landgraf Friedrich II. ließ bereits 1777 eine Kunstakademie, eine „Académie de Peinture et de Sculpture de Cassel" gründen, an der renommierte Künstler wie Johann August Nahl, Johann Heinrich Tischbein, Ludwig Emil Grimm und später auch Arnold Bode tätig waren. Hier in Kassel wurden bereits zwei oscarprämierte Filme produziert. Die Zwillinge Wolfgang und Christoph Lauenstein erhielten 1990 den begehrten Preis für ihren Film „Balance" und 1997 bekamen Thomas Stellmach und Tyron Montgomery für den Film „Quest" ebenfalls einen Oscar. Bis auf Wolfgang Lauenstein studierten die genannten Filmemacher damals an der Hochschule für Bildende Künste Kassel, der heutigen Kunsthochschule Kassel.

1908 bezog die Akademie neue Gebäude hier in der Menzelstraße, am Rand der Karlsaue. Die Kunsthochschule ist folglich seit über

100 Jahren in der Südstadt ansässig. Sie präsentiert sich heutzutage als eine an den internationalen Entwicklungen orientierte Kunsthochschule, die künstlerische, gestalterische, kunstpädagogische und wissenschaftliche Studiengänge anbietet. Die Kasseler Kunsthochschule ist eine von nur wenigen Kunsthochschulen in Deutschland mit Universitätsstatus.

Auf halber Strecke des Küchengrabens sehen wir eine Brücke, von deren Mitte wir einen Blick in Richtung Orangerie werfen. Nach der Überquerung gehen wir erneut links – auch hier durch eine von Eichen gesäumte Allee. Am Ende des Küchengrabens empfängt uns mit dem **Bowling Green 3**, einer imposanten Rasenfläche, ein typisches Element eines engli-

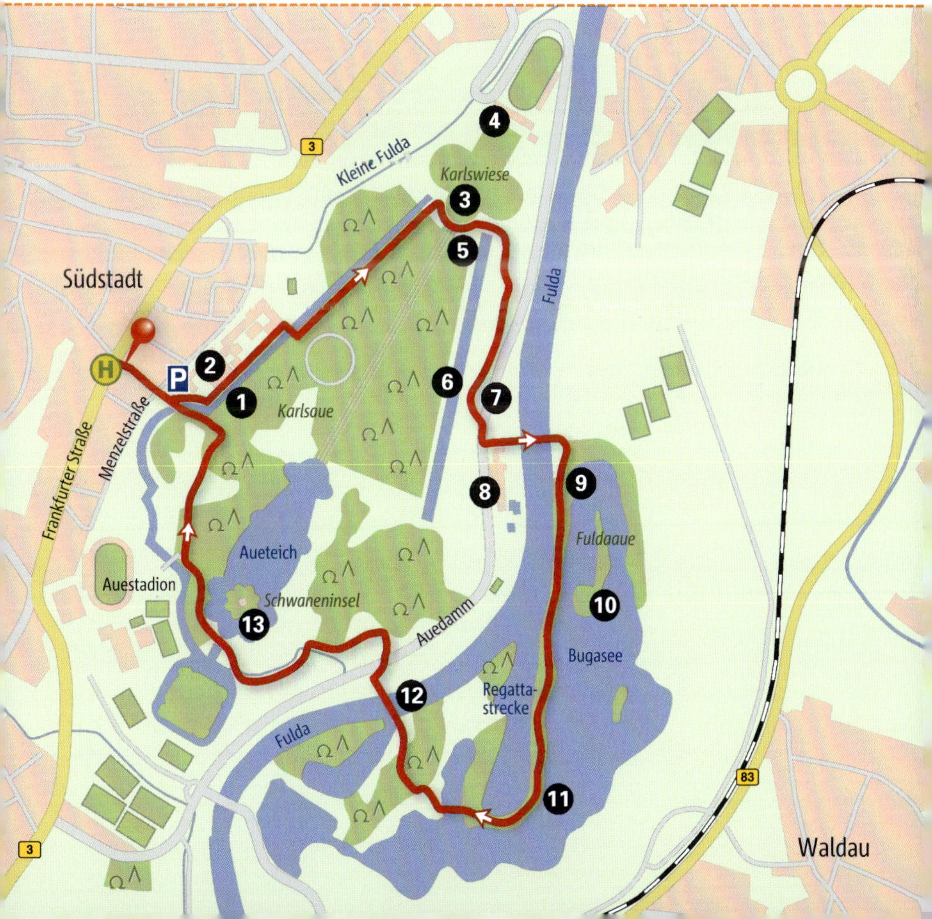

Orangerie

schen Landschaftsgartens. Es soll zudem mit einem Hektar das größte Bowling Green Deutschlands sein. Dahinter wunderschön und pittoresk die **Orangerie 4**. Ursprünglich ein Gewächshaus – ein Orangenbaumhaus – wurde es später zu einer Sommerresidenz, leider jedoch im Zweiten Weltkrieg komplett zerstört und erst in den 1970er-Jahren nach Originalplänen wieder aufgebaut.

Auf der Tür im mittleren Teil der Orangerie sehen wir die Darstellung einer großen Sonne. Sie ist der Ausgangspunkt des Planetenwanderwegs, der von der Orangerie in südlicher Richtung durch die Karlsaue und darüber hinaus bis fast an die Stadtgrenze führt. Am Rand des Bowling Greens sehen wir rechts auf dem Boden eine Metalltafel mit Informationen über die Erde und den dazugehörigen wichtigsten Daten. Der Planet selbst wird in Form einer kleinen silbernen Kugel dargestellt. Bei einem Spaziergang durch die Karlsaue und den Stadtteil Niederzwehren können die verschiedenen Planeten entdeckt werden. Für den Planetenweg wurde ein Maßstab von 1:495 Millionen angewendet.

Doch noch einmal zurück zur Orangerie, denn unbedingt erwähnenswert sind die ca. 60 lebensgroßen Statuen aus Stein, mythologische Figuren, die auf dem Rand des Daches der Orangerie zu sehen sind. Wir wenden uns nach rechts, gehen ein Stück entlang des Bowling Greens und sehen nach wenigen Metern die Achse der Hauptallee, die seit Anfang des 19. Jahrhunderts links und rechts von zwei Rossbändigern von Johann August Nahl flankiert wird. Neben diesen stehen noch andere **Skulpturen 5**, allegorische Darstellungen von Macht und Fruchtbarkeit. Diese Skulpturen wurden anlässlich der Bundesgartenschau 1981 aufgestellt. Wir werfen noch einen Blick in die Hauptachse, gehen dann aber weiter am Bowling Green entlang.

Skulpturen

Kurz darauf sehen wir rechts das Pendant zum Küchengraben, den **Hirschgraben 6**, der genau wie der Küchengraben links und rechts von schönen Eichenalleen gesäumt wird. Schließlich erreichen wir einen Weg, in dessen Mitte eine einzelne Eiche wächst. Wir folgen dem Weg an der Eiche, der uns erst um eine kleine Wiese und dann an einer Mauer vorbei in Richtung Straße führt. Wir nehmen nicht die ersten beiden Möglichkeiten, die uns zur Straße führen, sondern gehen weiter, um die Straße schließlich an einem Zebrastreifen zu überqueren. Wir sind nun auf dem **Auedamm 7**, einer Straße zwischen Fulda und Karlsaue.

Zis SEL

Bereits seit 1926 feiert Kassel am ersten August-Wochenende den Zissel, ein traditionelles Heimat- und Wasserfest. Das am Ufer der Fulda stattfindende Fest lässt sich bis in das 15. Jahrhundert zurückverfolgen. Der Ausdruck Zissel geht auf den nordhessischen Ausdruck „verzisseln" zurück, was Geld ausgeben bedeutet, und genau das sollen auch die Besucher dieses Festes tun! Gelegenheit dazu gibt es mehr als genug, denn entlang der Fulda wird eine große Festmeile mit Fahrgeschäften und diversen Ständen aufgebaut. Präsentiert wird der Zissel von dem Zisseldreigestirn: der Zisselkönigin, der Zisselprinzessin und der Fullenixe. Während die Zisselkönigin und auch die Zisselprinzessin jedes Jahr von den Kasselern gewählt werden, ist die Fullenixe eine Vertreterin der Wassersportvereine. Im Übrigen ist es auch der Wassersportverein, der an dem jeweiligen Donnerstagabend vor der offiziellen Eröffnung eine Wasserski-Show auf die Beine stellt, die man auf keinen Fall verpassen sollte. Erklärter Höhepunkt des Zissel sind an dem jeweiligen Sonntag der große Landfest- und der Wasserfestumzug. Symbol und Maskottchen des Zissels ist der Zisselhäring (tatsächlich mit „ä" geschrieben!), obwohl man noch nie einen Hering in der Fulda schwimmen sah.

Den Fluss zu unserer Linken, gehen wir fuldaaufwärts. Hier am Auedamm gibt es zahlreiche Bootshäuser und Sportvereine, aber auch Restaurants und das **Auebad 8.** Es ist das neueste Bad der Stadt Kassel und präsentiert sich als Hallen- und Freibad mit Saunaanlage. Vor dem Schwimmbad gehen wir links über die Schwimmbadbrücke, um von der Karlsaue in die Fuldaaue zu gelangen. Die **Fuldaaue 9,** im südöstlichen Teil der Stadt gelegen, ist Kassels Erbe der Bundesgartenschau 1981. Als Motto der BUGA 1981 wählten die Kasseler „Das verändernde Verhältnis des Menschen zu seiner natürlichen Umwelt – vom rücksichtslosen Ausbeuter zum behutsamen Gestalter". Ein Thema, das auch heute, über vierzig Jahre später, noch immer aktuell ist. Im Volksmund einfach nur Buga-Gelände genannt, wurde das 126 Hektar große Areal Ende der 1970er-Jahre für die Bundesgartenschau 1981 als innerstädtischer Park am östlichen Ufer der Fulda angelegt und gehört heute zum Stadtteil Waldau.

Hinter der Brücke beginnt das Landschaftsschutzgebiet der Stadt Kassel. Wir gehen nach rechts und sogleich wird es leise, ruhig und friedlich, das Einzige, was man manchmal, je nachdem wie der Wind steht, hören kann, ist die nahgelegene Autobahn. Wir folgen dem ausgewiesenen Fahrrad- und Fußweg. Zu unserer Rechten befindet sich die Fulda und links hinter Hecken, Sträuchern und Bäumen die Fuldaseen. Nach ca. 300 Metern sehen wir links etwas zurückversetzt eine Holzkonstruktion, die uns auf die **Vogelinsel 10** aufmerksam macht. Wir sind im nördlichen Teil des Buga-Sees, einem Naturschutzgebiet, das gefährdeten Vogelarten eine Brut- und Rastgebietstätte sowie eine Möglichkeit zur Über-

winterung bietet. Ein Hinweisschild informiert, dass die Vogelinsel das Kernstück der Naturschutzzone sei, zudem macht es auf die unbewachsenen Kiesflächen als Rastplatz für Wasservögel und Brutplatz des Flußregenpfeifers aufmerksam. Nur inmitten der Insel wurden Weiden gepflanzt, der Samenanflug, so erfahren wir, bringe weiteren Pflanzenwuchs. Die Flachwasserzonen vor der Insel stellen geeignete Lebensräume für Frösche und andere Amphibien dar. Hier im Schutz des Holzstandes lassen sich vor allem im Herbst Vögel wie beispielsweise Eisvögel und Kiebitze beobachten. Wir verlassen unseren Aussichtspunkt und gelangen zu den **großen Badeseen 11.** Große Liegewiesen und ein frei zugängliches Ufer zeichnen dieses Naherholungsgebiet aus. An heißen Sommertagen kann man sich in den riesigen Seen wunderbar erfrischen, Schlauchboot fahren oder sich entspannt auf einer Badeinsel oder Luftmatratze treiben lassen. Wer gerne schwimmt, kommt voll auf seine Kosten, denn hier hat man selbst an heißen Sommertagen viel Platz! Die Sandstrände sind bei Familien mit Kindern besonders beliebt.

Wir gehen links an einer Holzbrücke vorbei und folgen weiter unserem Weg. Rechts von uns liegt der Start der Ruderregattastrecke für die Ruderer der Bundesliga, die sich von hier bis zur Orangerie mächtig in die Riemen legen. Schließlich überqueren wir eine weitere Holzbrücke, die direkt vor uns liegt. Kaum dass wir die Brücke überquert haben, sehen wir rechts eine kleine Wiese. Unser weiterer Weg liegt auf der gegenüberliegenden Seite, sodass wir die kleine Wiese links oder rechts umrunden können. Wir nehmen den kleinen Weg, gehen über eine Brücke, sehen links eine kleine Schleuse und nur wenige Meter weiter ein Schild, das auf das nahegelegene FKK-Gelände hinweist. Wir sind nun im

Gärtnerplatzbrücke

südwestlichen Bereich der Fuldaaue. Nach etwa 100 Metern überqueren wir die **Gärtnerplatzbrücke 12**, die 1981 angelegt wurde, um die Karlsaue mit der Fuldaaue zu verbinden. Diese Brücke bestand die ersten Jahre aus Holz, doch der Neubau erfolgte mit einem Ultraleichtbeton, der an der Universität Kassel entwickelt wurde.

Blumeninsel

Hinter der Brücke gehen wir wenige Meter rechts und von dort über den Zebrastreifen, um erneut in die Karlsaue zu gelangen. Wir folgen dem Weg, der uns in einem Bogen links um die Wiese herumführt und gehen links in Richtung Blumeninsel Siebenbergen. Bereits von Weitem sehen wir links ein kleines gelbliches Gebäude, das Auepförtnerhäuschen, in dem die Parkaufseher wohnten, die seinerzeit auf die Sauberkeit der Parkanlage zu achten hatten. Der Zugang zur Insel befindet sich rechts neben dem Pförtnerhäuschen.

Blumeninsel SIEBENBERGEN

Aus dem einst siebten Hügel des Parks wurde dank des Hofgartendirektors Wilhelm Hentze im 19. Jahrhundert ein zauberhafter Ort mit einer schier unglaublichen Vielfalt an Blumen, Sträuchern und Bäumen aus vieler Herren Länder. Die Insel ist mit einer Größe von 2,5 Hektar und einem Höhenunterschied von 15 Metern nicht groß, deshalb erstaunt die Artenvielfalt auf engstem Raum. Seit der Bundesgartenschau 1955 führt eine Brücke auf die Insel, früher konnte man sie ausschließlich mittels einer kleinen Fähre erreichen. Der Schöpfer der botanischen Pracht, Wilhelm Hentze, hat geschickt Pflanzen verschiedenster Herkunft kombiniert und in harmonischen Gruppen zusammengefügt. So ist eine Insel der Schönheit und Ruhe entstanden, die zum Verweilen und Flanieren einlädt.

Pfau der Blumeninsel

Wir laufen allerdings rechts an der Insel vorbei weiter in den Park hinein, schließlich links über eine kleine Brücke. Bereits auf der Brücke werfen wir einen Blick zurück auf die Blumeninsel und sehen zugleich vor uns das große Bassin mit der **Schwaneninsel 13.** Hatte man das Bassin einst im Barock für Gondelfahrten anlegen lassen, so wurden im Zuge der Umgestaltung zum Landschaftsgarten die Bereiche der Uferzone und Insel verändert und Weiden, Pappeln sowie typische Ufergehölze angepflanzt. 1835 erbaute Julius Eugen Ruhl einen kleinen Tempel auf der Schwaneninsel, ein echter Blickfang und deshalb auch ein beliebtes Fotomotiv. Auf seinem Dach sehen wir eine goldene Kugel, die für den Planeten Jupiter steht. Zu Beginn unseres Spaziergangs hatten wir ja bereits den Planeten Erde am Bowling Green passiert.

Schwanenbassin

Wir verlassen das große Bassin und die Schwaneninsel und folgen links dem Weg, der uns vom Bassin wegführt. Wir erreichen zwei weiße Holzbrücken auf der linken Seite, gehen aber rechts und folgen dem Weg, der eine große Wiese durchschneidet. Es handelt sich dabei um die Charlotten-Wiese, die größte Parkwiese der Karlsaue. Es ist faszinierend, wie sich bei diesem Spaziergang immer wieder neue Perspektiven und Ausblicke öffnen. Ebenso wechseln ständig Baumgruppen und freie Wiesen ab. Ein wesentliches Element der Landschaftskunst, denn durch das Verbergen und das Sich-Öffnen der Natur entstehen beeindruckende Erlebnisräume. Unter Landgraf Wilhelm IX. wurde hier für Prinzessin Charlotte von Hessen ein kleines Lustschloss gebaut, das aber bereits Anfang des 19. Jahrhunderts verschwand. Am Ende dieses Weges wenden wir uns erneut nach links und sind dann nach nur wenigen Metern zurück am Auetor.

11 BAD WILHELMSHÖHE UND MULANG

Start/Ziel: Christuskirche (GPS: 51.311958, 9.433124)
Länge: ca. 4 Kilometer
Dauer: ca. 1 Stunde
ÖPNV: Haltestelle Christuskirche, Bus 11, 52, 55, Straßenbahn 4
Parken: Entlang der Landgraf-Karl-Straße

Unterwegs entdeckt:

1 Christuskirche
2 Freibad Kassel Wilhelmshöhe
3 Hotel Palmenbad
4 Villa Henkel
5 Dorf Mulang
6 Villa „Ridinger Schloss"
7 Pagode
8 Lac
9 Kurhessentherme
10 Hessischer Rundfunk

Essen + Trinken:

Sehr leckeres Essen gibt es im **Gutshof** auf dem Gelände der alten Staatsdomäne (Wilhelmshöher Allee 347 a, 34131 Kassel, Tel. 05 61/3 25 25, www.restaurant-gutshof.de).

Exotische Träume und traumhafte Villen

Bad Wilhelmshöhe ist ein Stadtviertel im Grünen mit imposanten Villen. Hier kann man auf den Spuren von Königen und Kaisern wandeln, denn sowohl Kaiser Wilhelm I. als auch Kaiser Wilhelm II. haben ihre Sommermonate hier verbracht. Gleiches gilt für König Jérôme Bonaparte und Napoleon III., seines Zeichens Kaiser der Franzosen, die zeitweise auf der Wilhelmshöhe lebten, wenn auch Letzterer ungewollt, war er doch als Gefangener hierher verbannt worden. Die Familie von Kaiser Wilhelm II., verbrachte viele Wochen hier, denn der lungenkranken Kaiserin tat die Luft auf der Wilhelmshöhe gut. Diese heilsame Luft war es wohl auch, die den Leibarzt von Bismarck einst sagen ließ, dass hier jeder Atemzug einen Taler wert sei.

Wir starten an der Haltestelle der Christuskirche und gehen auf die Rückseite zu einer eindrucksvollen Eiche, der sogenannten Luthereiche, die 1917 anlässlich des 400-jährigen Reformationsjubiläums gepflanzt wurde. Neben der Eiche stehen rote Bänke, die an Kirchenbänke erinnern. Bei einer kurzen Rast können wir die Fassade der mächtigen **Christuskirche 1**, ein Bauwerk der Kaiserzeit im Stil des Historismus, auf uns wirken lassen. In dieser 1903 erbauten Kirche ließ sich das bereits erwähnte Kaiserpaar eine Kaiserloge einrichten, die über einen separaten Eingang an der Landgraf-Karl-Straße zu erreichen war. Über dem ehemaligen Eingang ist noch heute die Kaiserkrone zu sehen, die Stühle sind mit den Wappen des Kaiserpaars geschmückt. Im Gegensatz zu seiner Gattin hat Kaiser Wilhelm II. die Christuskirche nie besucht und folglich auch seine Loge nie gesehen.

Wir wenden uns an der Kirche nach links und folgen den Straßenbahnschienen durch die Straße „An den Eichen". Schnell ist klar, woher die Straße ihren Namen hat, denn hier stehen mächtige Eichenbäume. Links befindet sich eine große Wiese, auf der ein Bereich eingezäunt ist. Nachdem in den Jahren 1914 und 1951 erfolgreiche Bohrungen alte Solequellen zu Tage gefördert hatten, diese aber nach und nach

Christuskirche

versiegt waren, suchte die Stadt einen Investor, um die Rohstoffquelle erneut sprudeln zu lassen. Im Gegenzug für eine erfolgreiche Bohrung sollte dem Investor ein Grundstück zum Bau eines Thermalbades zur Verfügung gestellt werden. 1978 startete der private Unternehmer Werner Wicker die aufwendige und kostspielige Bohrung. Sein Mut wurde belohnt, als im Mai 1979 in einer Tiefe von 674 Metern tatsächlich eine erneute Solequelle gefunden wurde. Die hier entnommene Sole, ein warmes, heilendes und vor allem leicht salziges Wasser, fließt seitdem in die Kurhessen Therme, an der wir auf dem Rückweg vorbeikommen werden.

Wir gehen weiter und kommen ebenfalls links an einem Minigolfplatz und kurz darauf an dem 1935 eröffneten **Frei-**

Landgraf-Karl-Straße

bad Wilhelmshöhe 2 vorbei, wenn auch nur auf seiner Rückseite. Den Erbauern war wichtig, dass sich das Schwimmbad harmonisch in die Landschaft einfügt. Für den Eingang wählte man die Baunsbergstraße, mit Blick auf den Bergpark sowie den Habichtswald. Im Gegensatz zu weiten Teilen der Stadt Kassel wurde der Stadtteil Wilhelmshöhe im Zweiten Weltkrieg nur wenig zerstört. Der amerikanischen Besatzungsmacht dienten daher die herrschaftlichen, attraktiven Villen in diesem Viertel als Quartiere.

Am Ende der Straße sehen wir an der Ecke auf der linken Seite das **Hotel Palmenbad 3.** Der Name stammt von dem ehemaligen Hallenbad, das sich direkt daneben befand. Dieses war Ende des 19. Jahrhunderts von dem Fabrikanten Gustav Henkel neben seinem Elektrizitätswerk erbaut worden. Gustav Henkel war ein Freund von Dr. Wilhelm Schmidt, dem Erfinder der Heißdampf- und Hochdrucktechnik. Er setzte die Ideen seines Freundes um und errichtete auf der Wilhelmshöhe ein Elektrizitätswerk, dessen Dampfmaschinen mit Heißdampf betrieben wurden. Mit der Abwärme dieses Kraftwerks wurden das Palmenbad und ein im Bergpark Wilhelmshöhe gelegenes Gewächshaus beheizt. Selbst die Söhne von Kaiser Wilhelm II. sollen dieses Bad, das 1918 geschlossen und im Krieg zerstört wurde, regelmäßig besucht haben. Bis heute erhalten ist die sehenswerte Villa von Gustav Henkel, die um 1890 im neoklassizistischen Stil hier an der Kurhausstraße, genau auf der anderen Straßenseite, gebaut wurde.

Wir überqueren die Kurhausstraße und gehen links entlang der **Villa Henkel 4** in den Luise-Greger-Weg. Luise

Greger war Komponistin und Sängerin, die schon früh von dem Musikdozenten Carl Ludwig Bemmann durch Klavier- und Kompositionsunterricht gefördert wurde. Bereits als Jugendliche veröffentlichte sie ein Lieder-Album, später vertonte sie Gedichte von Dichtern wie Goethe und Storm. Der Bühnenmusik näherte sie sich jedoch erst spät. So trägt der Klavierauszug ihres Märchenspiels Gänseliesel die Opuszahl 170, doch die erfolgreiche Uraufführung im Dezember 1933 dürfte sicherlich ein Höhepunkt ihres künstlerischen Lebens gewesen sein. Von der Gänseliesel war lange Zeit nur der Klavierauszug bekannt, doch 2017 wurde die verschollen geglaubte Orchesterfassung auf dem Dachboden der Universitätsbibliothek Kassel wiedergefunden. Im Unterschied zum Leben von Luise Greger, das durchaus turbulent verlief, ist der schmale Weg, der uns an der Drusel und leicht bergauf führt, sehr idyllisch, er endet in der Niederwaldstraße, wo wir rechts bis zur nächsten Kreuzung gehen.

Quelle Sole

Zufahrt zu Haus im Mulang

Wir überqueren die vor uns liegende Straße und laufen auf eine große Wiese zu, an deren oberen Rand vor dem Wald einige Baracken zu sehen sind. In diesen Baracken befand sich von Juli 1943 bis April 1945 eine Außenstelle des Konzentrationslagers Buchenwald. Die ersten Häftlinge, die von Buchenwald nach Kassel verlegt wurden, mussten Bauarbeiten für die SS erledigen. Die Häftlinge waren auf engstem Raum eingepfercht, der Appellplatz war mit Stacheldraht umzäunt und streng bewacht. Juden befanden sich nicht unter den Gefangenen, da diese bereits deportiert worden waren. Die meisten der 288 Häftlinge, die von 1943 bis 1945 in Kassel interniert waren, stammten aus Polen und Russland. Heute ist das ein idyllischer Ort, aber er hat eine schreckliche Geschichte; in diesem Bewusstsein gehen wir nachdenklich weiter.

Japanischer Katsura

Wir gehen rechts durch die Hugo-Preuß-Straße bis zum Bergpark Wilhelmshöhe, denn hier am südlichen Rand befindet sich das **chinesische Dorf Mulang 5,** das ab 1781

Gästehaus Mulang

von Landgraf Friedrich II. im Zeichen der Chinoiserie des Rokokos erbaut und von seinem Sohn Wilhelm IX. erneuert und weiterentwickelt wurde. Kurfürst Wilhelm II. ließ 1826 die Häuschen des Mulang herrichten und verlegte die Schweizerei in das Dorf. Seit dem 23. Juni 2013 gehören die Gebäude mit dem Bergpark zum UNESCO-Weltkulturerbe.

„Chinoi SERIE“

Im 18. Jahrhundert herrschte eine geradezu enthusiastische China-Begeisterung in Europa. Es war ein Trend, der auch an Kassel nicht vorbeiging, und so entstand vermutlich nach den Plänen von Simon Louis du Ry und dem Hofgärtner Daniel August Schwarzkopf das kleine Dorf Mou-lang (heute Mulang). Für die perfekte Inszenierung wurden sogar Schwarze Menschen angestellt, die sich um Gemüse, Milch und Vieh kümmerten. Es gab Stallungen für Schafe und Kühe, eine Fasanerie, eine Mühle, ein Küchen- und Milchhaus sowie eine Pagode. Außer dem chinesischen Dorf in Kassel gibt es in Europa nur noch wenige vergleichbare Ensemble, die als Ganzes erhalten sind. Der historische Wert dieses Dorfes ist daher unbestritten. Doch nicht nur die Gebäude mit ihren ausladenden Dächern und den Dachlaternen sollten asiatisches Flair vermitteln, auch die Natur sollte asiatisch anmuten und so wurden japanische Katsuras und chinesische Taschentuchbäume angepflanzt. Zu diesem einzigartigen Ensemble gehört auch das kleine 1785 errichtete Hirtenhaus in der Mulangstraße Nr. 6.

Während die übrigen Häuser des ehemaligen Dorfes Mulang vorwiegend an Mitarbeiter der Museumslandschaft Hessen Kassel vermietet wurden, ist hier ein kleines, liebevoll eingerichtetes Gästehaus entstanden. Wir machen einen kleinen Abstecher in die Löwenburgstraße zu unserer Rechten. Hier sehen wir nach wenigen Metern links das Ridinger Schloss. Ursprünglich als private Villa erbaut, wurde das Gebäude zeitweise als „Hotel Ridinger Schloss“ betrieben. Es ist inklusive des imposanten Turms bis heute erhalten. In dem Metallgeländer eines Balkons liest man den Schriftzug **„Ridinger Schloss" 6.** Interessant ist zudem das Portal aus dem Jahr 1657, das aus einem Renaissance-Bau der Kasseler Altstadt stammt. Zurück auf dem Mulang sehen wir schon bald auf der linken Seite die im Park gelegene Pagode. Wir betreten den Park und kommen links an einigen japanischen Katsuras vorbei. Diese Bäume sondern im Frühling und Herbst den Stoff Maltol ab, der tatsächlich derselbe ist, der bei der Karamellisierung von Zucker entsteht. Diesem intensiven Duft verdankt der Baum im Deutschen den Namen Kuchenbaum. Ein wunderbarer Duft, der uns in diesen Jahreszeiten im Park im wahrsten Sinne des Wortes um die Nase weht.

Ridinger Schloss

Kurz darauf stehen wir vor der **Pagode 7,** einem Bauwerk, das man hier kaum erwartet. Architektonisch handelt es sich jedoch eher um einen tempelartigen Pavillon, an dem die Merkmale der Chinoiserie wunderbar zu erkennen sind. Die acht Säulen tragen das geschwungene Dach, auf ihm sind sowohl eine Dachlaterne wie auch ein Schirm und ein Halbmond zu erkennen. Über dem Eingang der Pagode sind Drachen zu sehen, die in der chinesischen Kultur für Weisheit und Macht stehen. Im Gegensatz zu unserer Kultur sind sie in der asiatischen kein Feuersymbol.

Pagode

Unter zwei ehrwürdigen Linden links und rechts des Weges gehen wir

Küchenhaus

nach unten und sehen links das Küchenhaus mit der so typischen Dachlaterne. Am Ende des Weges wenden wir uns nach rechts und sehen erneut links das Milchhaus. Ein Milchhaus als Element der Chinoiserie zeigt, dass man Asien damals noch nicht kannte, vertragen doch gut 2/3 der Asiaten keine Milch, da ihre Körper das Enzym Laktase nicht besitzen, das die Funktion hat, den Milchzucker, die Laktose, zu spalten. Wir gehen weiter und erreichen erneut die Straße. An der linken Straßenecke befindet sich das Haus Mulang 2, in dem Heinrich Christoph Jussow, der Architekt und Gartengestalter von Landgraf Wilhelm VIII. sowie Friedrich II. wohnte. Das Haus erhielt 1791 den Namen Bagatelle und wurde von Kurfürst Wilhelm I. neu eingerichtet. Um nicht an der Straße entlangzugehen, nehmen wir gegenüber der ehemaligen Bagatelle den kleinen Fußweg, der uns nach unten führt. Am Ende dieses Weges gehen wir rechts, öffnen ein niedriges hölzernes Tor und stehen unvermittelt auf einem kleinen Friedhof.

Blick über das Milchhaus zum Schloss

Friedhof MULANG

Dieser unscheinbare Friedhof ist der kleinste der Stadt. Er war lange Zeit ausschließlich Bediensteten von Schloss und Park Wilhelmshöhe vorbehalten, bevor auch hier Menschen bestattet wurden, die sich um Wilhelmshöhe verdient gemacht hatten. Viele der Grabsteine sind verwittert, doch ein großes Grabmal fällt direkt ins Auge. Es ist die Ruhestätte von Karl Steinhofer, einem der ersten auf diesem Friedhof beigesetzten Kasseler Bürger. Der „Wassergott von Wilhelmshöhe", wie er genannt wurde, schuf 1793 den Steinhöfer Wasserfall und später auch den Neuen Wasserfall.

Wir verlassen den Friedhof, wenden uns nach links und überqueren die Straße, um erneut in den Park zu gelangen. Ein kleiner Anstieg und schon stehen wir am **Lac 8** mit einem traumhaften Blick auf Schloss Wilhelmshöhe. Anstelle des heutigen großen Sees befanden sich hier früher fünf Fischteiche. Diese wurden von Heinrich Christoph Jussow zu einem natürlich wirkenden See umgestaltet. Wir gehen rechts um den Lac herum und können dabei auch die wundersam ge-

Kaskaden

wachsenen Bäume sowie die Seerosenfelder bewundern. Wir folgen dem ersten Weg, der uns rechts vom Lac wegführt und stoßen wieder auf die kleine Kaskade, die das Wasser aus dem Lac in diesen Teil des Bergparks führt, sowie auf eine Wassertretstelle. Idyllisch und ruhig gelegen, ist es ein erfrischender Ort am Rande des Parks, bestens geeignet, um etwas für Körper, Seele und Geist zu tun. Es ist bekannt, dass es kaum ein besseres Mittel gibt, um das Immunsystem, den Kreislauf und die Venen zu stärken.

Nach einer kurzen körperlichen Ertüchtigung gehen wir

Blick vom Lac zum Schloss

Wassertretstelle

links auf die Königschaussee und verlassen den Park. Wir überqueren die Straße vorbei am ehemaligen Wärterhäuschen, welches um 1793 am Fuße des Bergparks errichtet wurde, folgen dann der Wilhelmshöher Allee in Richtung Stadtmitte. Links befindet sich ein gewaltiger Kastanienstrauch. Die Wilhelmshöher Allee wurde 1777 als grünes Band zwischen zwei Residenzen errichtet und verband die Sommerresidenz Schloss Wilhelmshöhe mit der Winterresidenz, dem Stadtschloss. Der Blick entlang dieser schnurgeraden Achse ist in beide Richtungen faszinierend. Auf der rechten Seite hinter einigen Bäumen verborgen, liegt die in den letzten Jahren komplett sanierte **Kurhessentherme 9,** in der man sich wunderbar erholen kann. Direkt daneben sehen wir die Gebäude des **Hessischen Rundfunks 10.** Bereits in den 1920er-Jahren wurde in Kassel einer der sogenannten Zwischensender errichtet. Nachdem 1948 der Sendebetrieb wieder aufgenommen wurde, ist Kassel seit 1952 Standort des Hessischen Rundfunks. Er befindet sich seit 1972 auf dem Gelände des Gutshofs, auf dem auch noch Mauerreste der alten Staatsdomäne erhalten sind. Unser Weg führt uns nun weiter bis zur Kreuzung, wo wir ein letztes Mal rechts abbiegen, bevor unser Spaziergang an der vor uns links gelegenen Christuskirche endet.

12 WEHLHEIDEN UND DIE SÜDSTADT

Start/Ziel: Christuskirche (GPS: 51.311958, 9.433124)
Länge: ca. 6 Kilometer
Dauer: ca. 1,5 Stunden
ÖPNV: Haltestelle Kirchweg, Bus 11, 52, 55, Straßenbahn 4
Parken: Kirchweg, Gräfestraße oder Wilhelmshöher Allee

Unterwegs entdeckt:

1 Hochbunker
2 Fachwerkhäuser Gräfestraße
3 Belgische Siedlung
4 Brückner-Kühner-Haus
5 Botanischer Garten
6 Sara-Nussbaum-Zentrum für jüdisches Leben

Essen + Trinken:

Der **Herbstapfel** ist ein kleines Haus mit einer tollen vegetarischen Karte (Kohlenstraße 20, 34121 Kassel, Tel. 05 61/84 09 00 00, www.herbstapfel.de).

Der **Düsseldorfer Hof** ist in Kassel nicht nur zur Wehlheider Kirmes ein absolut beliebter Treff (Zwehrener Weg 6–8, 34121 Kassel, Tel. 05 61/2 21 76, www.duesseldorfer-hof.de).

Wer glaubt, dass Suppen langweilig sind, der wird in der **Suppenplantage** eines besseren belehrt (Wehlheider Platz 3, 34121 Kassel, Tel. 05 61/99 79 12 63, www.suppenplantage-kassel.de).

Wohnen im Grünen

Das Dorf Wehlheiden war das erste, das 1899 eingemeindet wurde. In der Folge dieser Eingemeindung wurde Kassel zur Großstadt und überschritt erstmals die Einwohnerzahl von 100.000. Gleichzeitig verlor das Dorf seine Schuldenlast, die durch den Bau einer Kanalisation entstanden war. Heute ist Wehlheiden ein beliebtes Wohnviertel mit vielen kleinen Geschäften und Grünanlagen.

Wir starten am Kirchweg, überqueren die Wittrockstraße, laufen stadteinwärts, bevor wir nach wenigen Metern rechts in die Gräfestraße abbiegen. Auf der linken Seite befindet sich der 1941 erbaute, unter Denkmalschutz stehende **Hochbunker 1**, der vor wenigen Jahren zu einem Wohnhaus umgebaut und um zwei Stockwerke erhöht wurde. Gegenüber be-

Haus in Gräfestraße

findet sich die Wilhelm-Lückert-Schule, die von Kindern besucht wird, die einen Anspruch auf sonderpädagogische Förderung in den Förderschwerpunkten Sprachheilförderung, Hören oder Sehen haben. Wir gehen weiter durch die Gräfestraße und bewundern die denkmalgeschützten Häuser Nr. 14 und 16, die der Architekt Wilhelm Klein 1911 erbaut hat. Anschließend überqueren wir die Schönfelder Straße und folgen weiter der Gräfestraße, an der einige schöne **Fachwerkhäuser 2** stehen. Auf der rechten Seite fließt hinter den Häusern die Drusel, die in diesem Bereich wieder ein kurzes Stück an die Oberfläche gelangt, bevor sie am Ende der Straße auf Höhe des Spielplatzes wieder unter der Erde weiterfließt. Hier

Schönes Fachwerk

überqueren wir die Tischbeinstraße und gehen rechts bis zur Hellmut-von-Gerlach-Straße, durch die wir links laufen, und dann weiter durch die Schellingstraße. An der von Bäumen gesäumten Heinrich-Heine-Straße gehen wir rechts, überqueren die Straße und laufen in die Belgische Straße. Wir sind nun in der **Belgischen Siedlung 3.** Im Gebäude der heutigen Hospitalskellerei befand sich einst das belgische Kaufhaus. Die Siedlung selbst bestand aus gut 100 Häusern, sie wurde innerhalb von nur 90 Tagen von Paul und Theo Bode für die ab 1953 in Kassel stationierten belgischen Soldaten und ihre Familien erbaut. Die Häuser wurden bis ins kleinste Detail gleich ausgestattet, sodass die Soldaten und ihre Familien nur noch ihre persönlichen Sachen mitbringen muss-

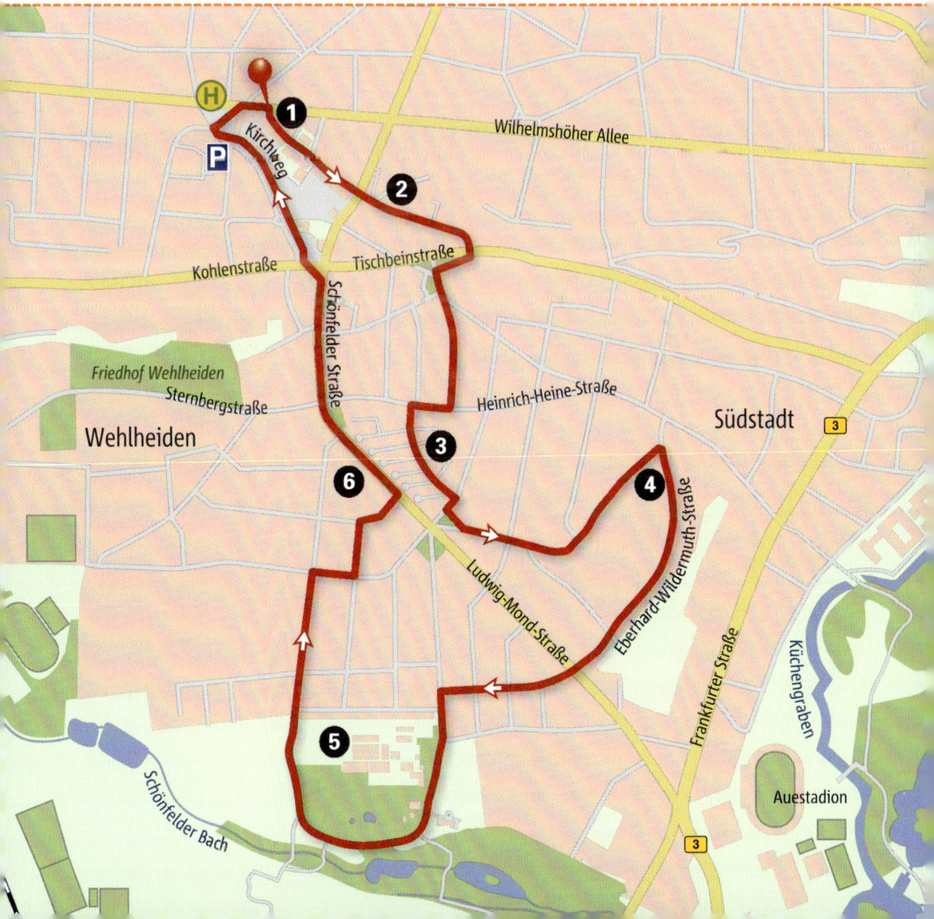

Markuskirche

ten. Damals lebten bis zu 3000 Soldaten in Kassel. Der belgische König besuchte mehrmals die hier stationierten Truppen. Die Paraden fanden unter anderen auf der Kohlestraße statt, die wir später noch überqueren werden. Die heutige Adolf-Fricke-Schule in der Adolfstraße war zu dieser Zeit die belgische Schule. Erst 1970 wurden die Truppen abgezogen.

Wir gehen rechts an der Schule vorbei und biegen links in die Richard-Wagner-Straße ein. Hinter der evangelischen Markuskirche gehen wir weiter in der Hans-Böckler-Straße.

Gartenstadt AUEFELD

Der Bau der Gartenstadt Auefeld galt 1955 als eines der größten Kasseler Bauprojekte in den Nachkriegsjahren. Der damalige Oberbürgermeister Lauritz Lauritzen sprach sogar von einem „Symbol für die Wiedergeburt Kassels". Sicherlich nicht unbegründet, denn nach der Zerstörung Kassels im Zweiten Weltkrieg war der Bau der Gartenstadt Auefeld für circa 2500 Menschen ein wichtiger Schritt für den Wiederaufbau. So entstanden hier mehrere hundert Wohnungen umgeben von Gärten. Für das Zentrum war von Anfang eine Kirche geplant. Der markante Turm der 1960 geweihten Markuskirche wurde von dem Göttinger Architekten Diez Brandi entworfen.

Während auf unserer linken Seite vor allem Wohnblocks zu sehen sind, sehen wir rechts bereits die kleinen Häuser der Gartenstadt. Wir laufen bis zum Ende der Hans-Böckler-Straße, um zu dem kleinen Reihenhäuschen mit der Hausnummer 5 zu gelangen, denn hier lebten Christine Brückner und ihr zweiter Ehemann Otto Heinrich Kühner von Mitte der 1960er-Jahre bis zu ihrem Tod im Jahr 1996. Christine Brückner gehörte zu den erfolgreichsten deutschen Schriftstellerinnen. Das kleine Haus war der Lebens- und Arbeitsmittelpunkt des Schriftstellerpaares, in dem 1997 die Geschäftsstelle der von ihnen gegründeten Stiftung eingerichtet wurde. Ein Besuch des Hauses, das mittlerweile auch als Gedenkstätte sowie Literaturmuseum dient, lohnt sich, denn die Arbeits- und Wohnräume sind weitgehend unverändert geblieben. Das **Brückner-Kühner-Haus** 4 beherbergt zudem den künstlerischen Nachlass des Ehepaars sowie eine Sammlung zur Komischen Literatur.

Brückner-Kühner-Haus

Wir gehen rechts und laufen durch die Eberhard-Wildermuth-Straße zurück zur Ludwig-Mond Straße, überqueren diese und halten uns rechts, bis wir links in die Quiddestraße gehen. Auf der rechten Seite sehen wir ein großes Grundstück mit einem ebenso großen Fachwerkhaus des Zimmermeisters Hermann Eckard. Es fällt auf, denn es scheint aus der Zeit gefallen, wird diese Gegend doch vor allem von Wohnblocks dominiert. Kaum 100 Meter weiter sehen wir links ein weiteres schönes Fachwerkhaus. In diesem Haus befand sich in den Jahren 1937 und 1938 die Fachschule für das Deutsche Zimmerhandwerk. In der nun folgenden Bantzerstraße sehen wir konventionelle schlichte Wohnblocks mit Mietwohnungen aus den 1930er-Jahren. Am Ende der Quiddestraße gehen wir links in die Feerenstraße und laufen auf ein kleines Schlösschen zu.

Ludwig-Mond-Straße

Schloss Schönfeld

Schloss SCHÖNFELD

Das kleine Schloss wurde 1777 vom Gardekommandeur und preußischen Offizier Nikolaus von Schönfeld gebaut. In seiner langen Geschichte war auch König Jérôme einer der Besitzer. Bekannt für seine außerehelichen Eskapaden, wurde seine Tochter Jenny von Gustedt 1811 hier im Schloss Schönfeld als illegitime Tochter geboren. Ihre Mutter war Diana von Pappenheim, die erste Kammerfrau von Königin Katharina von Württemberg. Offiziell eingetragen wurde Jenny als Jeromia Catharine, Tochter des Grafen Wilhelm Maximilian Rabe von Pappenheim, dem ersten Kammerherrn von König Jérôme. Nach 1821 war das Schloss im Besitz von Kurfürstin Auguste und hieß zu dieser Zeit Augustenruh. Mit den Brüdern Grimm, Achim und Bettina von Arnim sowie Clemens Brentano ging die geistige Elite Kurhessens hier ein und aus. Auguste förderte Künstler wie den Bildhauer Werner Henschel und nahm selbst Malunterricht bei Johann Erdmann Hummel. Seit 1906 ist das Schloss im Besitz der Stadt Kassel und dank des 1989 gegründeten Vereins Schloss Schönfeld erstrahlt es heute wieder in altem Glanz.

Rechts neben dem Schloss befindet sich der 1912 erstmals erwähnte **Botanische Garten 5.** Nachdem in den 1970er-Jahren viele Flächen aufgrund von Geldmangel mit Rasen versehen worden waren, gab es bereits seit 2003 Bestrebungen, dieses Kleinod wiederherzustellen. So wurde die alte Allee neu bepflanzt, einzelne Themenbeete wie der Staudengarten, der Rosengarten sowie der Heilkräutergarten neu angelegt und auch eine Farnschlucht gebaut. Es gibt zudem ein Kakteenhaus und das Schulbiologiezentrum.

Botanischer Garten

Wir gehen rechts am Schloss vorbei und weiter rechts den kleinen Weg runter in den gleichnamigen Park. An und auf dem See, der unterhalb liegt, findet bereits seit 2008 in den hessischen Sommerferien das Brüder Grimm Festival statt, dessen Tickets sehr begehrt und die Vorstellungen fast immer ausverkauft sind. Kein Wunder, denn das Ambiente ist wahrlich märchenhaft. Auf dem bereits erwähnten See unterhalb des Schlosses wird jährlich eine Seebühne aufgebaut, die Zuschauertribüne für gut 400 Gäste ist in den Hang integriert. Start ist immer am ersten Donnerstag der Sommerferien und am Sonntag vor Schulbeginn fällt der Vorhang.

Bei einem Spaziergang durch den Park Schönfeld gibt es aber noch mehr zu entdecken wie beispielsweise den Klangpfad, einen musikalischen Parcours, der die Besucher von einer Station zur nächsten bringt. Wir gehen weiter und dann direkt hinter dem Botanischen Garten rechts nach oben. Nach dem leichten Aufstieg erreichen wir ein Feld, das uns unerwartet einen traumhaften Blick auf den Habichtswald und den Herkules sowie zu unserer Linken auf die Dönche bietet. Bereits vor uns liegt wieder das Wohngebiet Wehlheiden. Wir gehen durch den Zwehrenweg, überqueren die Theodor-Fliedner-Straße und sehen auf der linken Seite im Hintergrund die Justizvollzugsanstalt Kassel I. Ein gewaltiger Gebäudekomplex mitten in diesem ruhigen Wohnquartier, der dieses Viertel allein durch seine Existenz prägt. Türme, Stacheldraht und Kameras dominieren diesen Bereich, doch es gibt hier auch etwas Besonderes. Stadtimker Hernández hatte die Idee, den Häftlingen das Thema Bienen und Honig näherzubringen. Deshalb stehen seit einigen Jahren sechs Bienenvölker bei den schweren Jungs hinter Gittern, von denen zehn

Schulbiologiezentrum

Schönfelder Park

zu Imkern ausgebildet werden. Der gewonnene Honig ist etwas Besonderes, denn auch wenn die angehenden Imker hier ihre Strafe absitzen, der Himmel über dem Gefängnis ist frei, die Bienen kommen und gehen, wann sie wollen. Ein Hauch von Freiheit, der diesem Honig zu seinem Namen verholfen hat: Kasseler Freiheit!

Wir gehen nun rechts in die Auerstraße, bevor wir wieder links durch die Kimpelstraße schlendern. Während der Zwehrener Weg auch von Bussen und vielen Autos genutzt wird, ist hier nur wenig los. Wir gehen nun noch ein Stück rechts durch die Ellerhofstraße und gelangen schließlich zur stark befahrenen Ludwig-Mond-Straße. Links erreichen wir nach circa 100 Metern das **Sara-Nussbaum-Zentrum für jüdisches Leben 6.** Sara Nussbaum, die erste Ehrenbürgerin der Stadt Kassel, kam 1942 in das Konzentrationslager Theresienstadt, wo sie sich freiwillig für die Arbeit in der Typhusabteilung meldete. Nach dieser bemerkenswerten Frau wurde hier

KLANGPFAD
KLANGBALKEN

ein zweites Zentrum für jüdisches Leben benannt. Das Sara-Nussbaum-Zentrum öffnet seine Türen für alle Menschen unabhängig von ihrem Glauben. Es möchte die vielen Gesichter und Geschichten der Juden und des Judentums zeigen, den Staat Israel erklären, und damit auch einen Beitrag zur Bekämpfung von Antisemitismus und Menschenfeindlichkeit leisten. Neben der Dauerausstellung „Juden in Kassel", finden immer wieder wechselnde Ausstellungen statt.

Sara-Nussbaum-Zentrum

Wir gehen weiter, überqueren an der Ampel die Sternbergstraße und laufen durch die Schönfelder Straße, der direkten Verlängerung der Ludwig-Mond-Straße bis zur Kohlenstraße, die wir ebenfalls an der Ampel überqueren. Vor uns befindet sich der Stockplatz, auf dem jedes Jahr zwei Wochen nach dem Zissel die Wehlheider ihre Kirmes feiern. Durch den Kirchweg geht es zum Wehlheider Platz, auf dem bereits seit 1984 freitags von 8.00–13.00 Uhr ein Wochenmarkt stattfindet. Das Symbol des Marktes ist der Brummack-Brunnen mit seinem roten Topf und den zwei Säulen, an deren Spitzen je eine goldene Birne sitzt. Das Geheimnis und der Erfolg des Marktes resultieren sicherlich aus dem umfangreichen Angebot an frischen Produkten aus der Region. Kurze Wege und regionale Produkte! Was so einfach klingt, ist heute gar nicht mehr so selbstverständlich, doch hier wird alles frisch angeboten. Das Sortiment reicht von Fleisch und Wurst über Käse, Eier, Brot bis hin zum Gemüse. Wir verlassen den Platz, überqueren erneut die Wittrockstraße und sind zurück an unserem Ausgangspunkt.

Brummack-Brunnen

IMPRESSUM BILDNACHWEIS

DANKE …

Marc, Alessia und Anna, dass Ihr jedes meiner Buchprojekte mit Enthusiasmus begleitet. Danken möchte ich aber vor allem meinem Mann Marc, der mit unerschütterlicher Ruhe jeden Spaziergang mit mir abgelaufen ist und Fotos gemacht hat, wenn ich – mal wieder – Führungen hatte. Nicht zu vergessen meine lieben Kolleginnen und Kollegen Margret Baller, Andrea C. Ortolano, Hartmut Müller und Roger Busch, die sich viel Zeit genommen haben, um mich an ihrem Wissen teilhaben zu lassen und meine Texte Korrektur zu lesen. Ohne Euch alle wäre dieses Buch sicherlich ein anderes.

Die Deutsche Nationalbibliothek verzeichnet diese Publikation in der Deutschen Nationalbibliografie; detaillierte bibliografische Daten sind im Internet über http://dnb.d-nb.de abrufbar.

Konzeption/Gestaltung/Satz: Droste Verlag, Düsseldorf
Einbandgestaltung und Illustrationen: Britta Rungwerth, Düsseldorf
Fotos: Claudia Panetta-Möller, Alessia Möller und Marc Möller, außer:Kassel Marketing GmbH: S. 40 o. (Florian Trykowski), S. 43, S. 139 (Mario Zgoll), S. 141; stock.adobe.com: S. 35 (Stefan Kaulbarsch), S. 36 o., S. 41 u., S. 137 o. (Angela Rohde), S. 36 u. (fotobeam), S. 38 o. (PRILL Mediendesign), S. 38 u. (Asvolas), S. 41 o., S. 132 o. (Roman), S. 42 o. (Oliver Hlavaty), S. 42 u. (AndreasJ), S. 134 o. (Kara), S. 135 (Denise Serra), S. 137 (haiderose); Technikmuseum Kassel: S. 54; Wikimedia Commons: S. 40 u. (Tsungam, CC BY-SA 4.0, https://commons.wikimedia.org/wiki/File:
Kassel_-_2017-09-21_-_Sokrates-Eremitage_(01).jpg)
Karten: Angelika Solibieda, Karlsruhe
Textlektorat: Lektorat Baer & Wendel, Berlin
Druck und Bindung: LUC GmbH, Greven

ISBN 978-3-7700-2
www.droste-verlag.de